फोन :
e-ı
van

हिन्दी की वर्तनी तथा शब्द-विश्लेषण

(भाषा की प्रकृति, व्याकरण एवं भाषाविज्ञान के आधार पर
हिन्दी-वर्तनी के स्वरूप का विवेचन)

आचार्य किशोरीदास वाजपेयी

वाणी प्रकाशन

प्रकाशन के उत्कृष्टतम 61 वर्ष

vaniprakashan.com

सजिल्द पहला संस्करण : 1968
सजिल्द दूसरा संस्करण : 1997
सजिल्द तीसरा संस्करण : 2005
सजिल्द चौथा संस्करण : 2006
सजिल्द पाँचवाँ संस्करण : 2018
सजिल्द छठा संस्करण : 2024

वाणी प्रकाशन

4695, 21-ए, दरियागंज, नयी दिल्ली-110 002

फ़ोन : + 91 11 23273167, 23275710

शाखाएँ

अशोक राजपथ, पटना-800 004, बिहार

कॉफ़ी हाउस कैम्पस, महात्मा गांधी मार्ग, प्रयागराज-211 001, उत्तर प्रदेश

महात्मा गांधी अन्तरराष्ट्रीय हिन्दी विश्वविद्यालय, वर्धा-442 001, महाराष्ट्र

sales@vaniprakashan.in
vaniprakashan@gmail.com

Hindi ki Vartani Tatha Shabd-Vishleshan
by Acharya Kishoridass Vajpai

ISBN : 978-81-7055-537-7

Linguistics

मूल्य : ₹ 225

जी.एस. ऑफ़सेट, दिल्ली-110 095 में मुद्रित

वाणी प्रकाशन का लोगो मक़बूल फ़िदा हुसेन की कूची से

क्रम

लेखक का निवेदन

हिन्दी-वर्तनी की एकरूपता की आवश्यकता तब मालूम हुई, जब (सन् 1950 के इधर-उधर) हिन्दी को राजकीय मान्यता मिली। अहिन्दी-प्रदेशों से माँग हुई कि हिन्दी-शब्दों का वर्तनी-भेद लोगों में भ्रम पैदा करता है; इसलिए एकरूपता अपेक्षित है। इस से पहले मैं ने वर्तनी की एकरूपता-अनेकरूपता का कोई खयाल ही न किया था; यद्यपि **'ज़रूरत'** आदि की जगह **'जरूरत'** जैसे रूप प्रतिष्ठित करा दिए थे। उधर ध्यान न जाने का कारण यह था कि जाय गा, जावे गा, जाये गा, जाए गा आदि अनेक रूपों में प्रचलित शब्दों का अर्थ समझने में किसी को कोई कठिनाई न होती थी। सब रूप समान रूप से चलते थे और व्याकरणों में 'वैकल्पिक' प्रयोग कह कर (सब का) समर्थन किया जाता था। 'वर्तनी' शब्द या इस के किसी पर्याय का चलन भी हिन्दी में न था। संस्कृत में भी एक-एक शब्द के कितने-कितने रूप चलते हैं! हिन्दी इतनी सरल भाषा है कि सर्वत्र सरलता से पढ़ी-समझी जाती रही है।

सरलता का कारण प्रयोग-पद्धति है। संस्कृत का 'पठेत्' आगे चलते-चलते 'पढ़े' बन गया। व्यंजनान्त शब्द जनभाषा में गृहीत

नहीं हुए; अतः 'पठे' हो कर 'ठ' को 'ढ' हो गया—'पढ़े'। आगे 'गा' लगा कर 'पढ़े गा'।

'पढ़े' से 'इ' प्रत्यय हिन्दी ने अलग कर के उस के रूपान्तर कर लिए। ब्रजभाषा में 'जाइ गो' भी चलता है और 'इ' को 'य' कर के 'जाय गो' भी। हिन्दी ने 'जाइ गा' नहीं रखा। 'इ' को या तो 'य' कर लिया और या फिर 'गुण' ('ए') कर लिया—'**जाय** गा' और '**जाए** गा' क्रिया-रूप। 'राम चला जाय',—'राम चला जाए' इन दोनों का संकर रूप 'जाये' भी हुआ और 'गा' के साथ 'जाये गा'।

'आवै' और 'आवै गो' ब्रजभाषा में क्रिया-रूप चलते हैं; क्योंकि वहाँ धातु 'आव' है—'आवत हैं घनस्याम बन ते।' इस 'आव' में 'इ' प्रत्यय लग कर सन्धि—आव + इ = 'आवै' —'आवै न कोऊ'। 'गो' लगा कर 'आवै गो'। इसी अनुकरण पर वहाँ 'जावै' 'जावै गो' रूप भी। यानी बीच में 'व्' का आगम।

ब्रजभाषा के 'आवै' 'आवै गो' देख कर हिन्दी में 'आवे'—'आवे गा' प्रयोग भी चले; चलते रहे हैं और सब सरलता से समझे जाते रहे हैं।

परन्तु राष्ट्रीयता के आह्वान को सुना गया और वर्तनी की एकरूपता के लिए उद्योग किया गया। भाषा की प्रकृति, व्याकरण, भाषा-विज्ञान और दूसरी बातों पर ध्यान न दे कर निर्णय किए गए। निर्णय करने की पद्धति में एकरूपता पर ऐसा विचार किया गया, जिस से कि पूर्ण समन्वय हो। उदाहरण के लिए—

'जाए' 'जाए गा'

क्रिया-रूप ही हम ने क्यों स्वीकार किए; इसी की उपपत्ति देखिए।

'जाये' 'जाये गा' रूप भूल से चले; 'संकर' प्रयोग हैं। 'जावे'—'जावे गा' भी अपने प्रयोग नहीं; ब्रजभाषा के अनुसार हैं

और वहाँ भी 'आवै' 'आवै गो' की छाया पर गढ़े हुए हैं।

'जाइ' 'जाइ गा' प्रयोग हिन्दी ने कभी स्वीकार ही नहीं किए। 'जाय'—'जायगा' और 'जाए'—'जाए गा' इन दो रूपों में से एक को ही लेना है, तब 'जाए' 'जाए गा' रूप ही स्थिर रहें गे; क्योंकि 'जाय' 'जाय गा' लेने पर—

'राम अब **सोय**' 'राम अब **सोय** गा' इस तरह के अटपटे रूप भी भाषा में घुस कर सब बिगाड़ दें गे। 'जाय' की तरह 'सोय' हिन्दी में गृहीत नहीं है; पर 'जाए' की तरह 'सोए' गृहीत है। सो, जाए गा, सोए गा, आए गा, जैसे क्रिया-रूप निर्णीत हुए।

इसी तरह 'ज़रूरत'—'जरूरत' जैसे द्विरूप शब्दों में से 'जरूरत' जैसे रूप गृहीत किए। हिन्दी का रूप, संस्कृत की पद्धति तथा भारतीय कण्ठों के उच्चारण आदि को देख कर ऐसा किया गया। हिन्दी की पुरानी कृतियों का भी अनुसरण है। तुलसी आदि की 'गरीब' वर्तनी है; 'ग़रीब' नहीं। सरलता का भी ध्यान रखा गया। हिन्दी वाले सभी लोग फारसी नहीं पढ़े हैं कि समझ लें—कहाँ किस शब्द के किस अक्षर के नीचे बिन्दी लगे गी; किस के नीचे नहीं।

इसी पद्धति पर 'डाक्टर'—'डॉक्टर' इन दो वर्तनी-रूपों में से प्रथम ('डाक्टर') स्वीकृत है। 'डॉक्टर' जैसे रूप क्लिष्टता और भ्रम पैदा करते हैं। अपनी प्रचलित भारतीय भाषाओं के किसी भी शब्द में वैसा उच्चारण है नहीं। सब लोग अंग्रेजी पढ़े नहीं कि समझ लें कि कहाँ किस शब्द पर 'उलटा टोप' रखा जाए और कहाँ नहीं।

इसी पद्धति पर संस्कृति के 'राष्ट्रीय'—'राष्ट्रिय' जैसे शब्दों में व्याकरण, भाषा-पद्धति तथा सरलता का ध्यान रखकर 'राष्ट्रीय' जैसे शब्द ग्रहण किए गए। 'अन्ताराष्ट्रिय' जैसे अटपटे और भ्रामक

प्रयोगों का प्रत्याख्यान कर के 'अन्तर-राष्ट्रीय' जैसी वर्तनी में शब्द अपनाए गए।

संक्षेप में यह कि हिन्दी की वर्तनी में पूर्ण वैज्ञानिकता है। विकार हटा दिए गए हैं और वैज्ञानिक द्विविध प्रयोगों में से एक वह लिया गया है, जो कि व्यापक रूप से हिन्दी में गृहीत है।

अब कोई नहीं कह सकता कि हिन्दी में शब्दों की वर्तनी में एकरूपता नहीं है।

इस पुस्तक से छात्र तथा विद्वान् समान रूप से लाभान्वित हों गे। छात्रों का ध्यान रख कर भाषा सरल रखी गई है और विवेचन-विश्लेषण में दुरूहता-दुर्बोधता पास फटकने नहीं पाई है। सब स्पष्ट है और संक्षेप में। छात्रों का पूरा ध्यान रखा गया है।

इस पुस्तक के बाद मैं ने इस विषय पर आगे कुछ लिखना-कहना बन्द कर दिया है; यह साहित्यिक जगत् को पता है। कुछ कहने को शेष नहीं रहा। सब-कुछ संक्षेप में कह दिया गया है।

कनखल (उ० प्र०)
विजयदशमी 2022

—किशोरीदास वाजपेयी

1

हिन्दी की वर्तनी और वाक्य-विन्यास-पद्धति

हिन्दी बहुत सरल, शुद्ध तथा पूर्ण वैज्ञानिक भाषा है और इसी लिए बिना पढ़े ही लोग बोलने-समझने लगते हैं। अब से छह-सात सौ वर्ष पहले ही मुसलमान बादशाहों ने इसे दिल्ली से कलकत्ता-ढाका तक और इधर गुजरात, महाराष्ट्र तथा दक्षिण भारत तक फैला दिया था। हाँ, लिखने में वे अपनी अभ्यस्त (फारसी) लिपि का प्रयोग करते थे और अभ्यस्त (फारसी-अरबी आदि के) शब्द भी बरतते थे; सो भी संज्ञाएँ भर, कुछ विशेषण भी, बस। उसी (सरकारी) हिन्दी का नाम बाद में 'उर्दू' पड़ गया। उस समय की 'उर्दू' हिन्दी ही थी। सरलता से सर्वत्र चल पड़ी। परन्तु 'नीम हकीम' जैसे नीरोग को भी रोगी बना देते हैं, उसी तरह अधकचरे 'विद्वान्' भाषा को विकृत कर देते हैं। 'कवि' की जगह 'शायर' तो सरकारी प्रभाव से लोगों ने समझ लिया और 'शायर' का 'अदब' भी करने लगे; परन्तु "शोअरा का अदब सबके समझने की चीज़ नहीं" इस तरह के उर्दू-वाक्य गड़बड़ी पैदा करने लगे। यदि कहा जाता—"शायरों की शायरी सबके समझने की चीज़ नहीं", तब तो ठीक भी होता। 'शायरों की शायरी', यानी 'कवियों कि कविता'। 'शायर' का

बहुवचन 'ओं' विकरण लगा कर स्पष्ट है, जैसे कि 'विद्वानों' का। परन्तु 'शोअरा' बहुवचन जाने किस भाषा के 'कायदे' से चला कर भेद पैदा कर दिया गया! यहीं हिन्दी से उर्दू अलग हुई और आगे चल कर यह भेद फिर हिन्द में भी पैदा हो गया। 'उर्दू' पर आधारित पृथक् राज की माँग हुई और हिन्द के दो रूप हो गए—हिन्द और पाकिस्तान; जैसे एक भाषा के दो भेद हुए थे—हिन्दी और उर्दू।

खैर, कहने का मतलब यह है कि अपने मतलब के लिए हिन्दी को विकृत करके लोगों ने 'उर्दू' नाम दिया था और फिर उसे इतना दुर्बोध बना दिया था कि उसी को पढ़ते-पढ़ते मर जाओ, तब कुछ समझ में आता था। गर्व के साथ कहा गया है—"कि आती है उर्दू जुबाँ आते-आते!" परन्तु जैसा यह वाक्य है, वैसी उर्दू समझने में कोई दिक्कत नहीं और वैसी उर्दू लोगों ने लिखी भी है; पर दूसरे लोग आगे बढ़ गए। साधारण जनता के लिए जो अदालती सूचनाएँ उर्दू में 'समन' नाम से छपती थीं और आज भी छप रही हैं, उनका अर्थ कोई क्या समझे!

यों हिन्दी का एक रूप बिगड़ा 'उर्दू' नाम से; और, दूसरा रूप संस्कृत-प्रेमियों के द्वारा कुछ वैसा ही किया जा रहा था; पर रोक लग गई। हिन्दी अपनी प्रकृति के बल पर निखरी-सँवरी। जब बंगाल में अंग्रेज़ी शासन का केंद्र कलकत्ता बना, तो कुछ अंग्रेज शिक्षाशास्त्रियों ने उर्दू की प्रकृति पर ध्यान दिया और विदेशी (अनावश्यक) शब्द हटाकर नागरी लिपि में पुनः हिन्दी की प्रतिष्ठा करने-कराने का उद्योग उन्हों ने किया। हिन्दी के इस प्रकृत रूप को नागरी लिपि में देख कर बंगाली नेताओं को प्रेरणा मिली की यही भाषा सम्पूर्ण देश की सामान्य (राष्ट्रीय) भाषा हो सकती है। उन्हों ने

खुल कर अपनी बात कही, जिससे राजनीतिज्ञ अंग्रेजों के कान खड़े हुए और उन्हों ने प्रच्छन्न विरोध शुरू किया। हिन्दी की जगह उन्हों ने 'हिन्दुस्तानी' भाषा की नींव डाली। यानी, हिन्दी के तीन रूप—हिन्दी, उर्दू और हिन्दुस्तानी ! लम्बा किस्सा है, जिसकी चर्चा के लिए यहाँ स्थान नहीं।

यह प्रकरण इसलिए लाया गया कि फारसी लिपि के बन्धन से छूट कर जब हिन्दी अपने परिधान (नागरी लिपि) में आई और फारसी-अरबी आदि के शब्दों की जगह संस्कृत शब्द दिए जाने लगे, तब कुछ उत्साही हिन्दी-प्रेमी हिन्दी को संस्कृत के नियमों का अनुसरण कराने की सोचने लगे। वे संस्कृत-व्याकरण के अनुसार हिन्दी में—

'ष्टेशन-माष्टर', 'मजिष्ट्रेट', 'मिष्टर'

जैसे शब्द लिखने-चलाने लगे ! अपने समय में हिन्दी के सर्वश्रेष्ठ पत्र थे—'हिन्दी बंगवासी' और 'भारत-मित्र'। दोनों पत्र राष्ट्रीय चेतना के प्रवर्तक थे और बाबू बालमुकुन्द गुप्त जैसे भाषाविद् सम्पादक थे। परन्तु संस्कृत-प्रेम जोर मार रहा था। फारसी की प्रतिक्रिया स्वाभाविक थी।

परन्तु हिन्दी ने अपना रूप स्वतः निखार लिया और देश भर में (कलकत्ते में भी) अन्ततः—

स्टेशन मास्टर, मजिस्ट्रेट, मिस्टर

जैसे रूप गृहीत हुए। कारण, हिन्दी की प्रकृति ने 'ष' को स्वीकार ही नहीं किया है। 'षष्ठि' को 'साठ' बना लिया है और 'षट्' के प्रातिपदिक 'षष्' को 'सस' करके 'छह' बना लिया है। एक 'स' को 'छ' और दूसरे को 'ह' कर लिया। केवल संस्कृत (तद्रूप) शब्दों में ही हिन्दी 'ष' को स्वीकार करती है—'षट् दर्शन', 'कृष्ण', 'विष्णु'

आदि। संस्कृत में 'ष्' के साथ टवर्ग रहता है; 'स्' या 'श्' के साथ नहीं—'**स्तः**' 'प्रशस्तः'। 'श्' के साथ चवर्ग रहता है—'पुनश्च'। हिन्दी में 'ष' को 'स' रूप मिलता है; पर फारसी में 'श' हो जाता है—'अंगुष्ठ', 'अगुश्त'। सो, 'ष' वर्ण संस्कृत में ही है।

हिन्दी में (सभी भारतीय भाषाओं की तरह) संस्कृत के सिक्के चलते हैं; आदर के साथ। 'सूरज' के साथ 'सूर्य' भी चलता है। 'सूर्य-सिद्धान्त' में तो 'सूरज' बैठ ही नहीं सकता। परन्तु 'सूरज' अपना सिक्का है। इसी तरह संस्कृत (तद्रूप) शब्द आवश्यकतानुसार चलते हैं—अपने हैं; अपने देश की सर्वमान्य भाषा के हैं। परन्तु संस्कृत का व्याकरण यहाँ न चलेगा—'**माष्टर**' आदि नहीं चले। हिन्दी में 'कवि आए हैं' 'कवियों की भाषा' जैसे प्रयोग होते हैं; न कि—

'कवयः आए हैं' 'कवयः की भाषा में'! यदि 'शोअरा आए हैं' का अनुकरण करके संस्कृत-प्रेमी हिन्दी में 'कवयः आए हैं' (किसी संस्कृत-प्रेमी राज के सहारे) चला देते, तो वह भी विकृत हिन्दी कोई भिन्न नाम पा कर अलग हो जाती। एक हिन्दी, दूसरी 'उर्दू' और तीसरी 'दुर्गा' भाषा! अंग्रेज़ों की 'हिन्दुस्तानी' भी चल पड़ती, तो चार भाषाएँ! एक शुद्ध नैसर्गिक और तीन उसके विकृत रूप। परन्तु ऐसा होता क्यों? हिन्दी तो सब को मिलाने वाली भाषा है; भेद पैदा करने वाली नहीं। सब विकार छँट गए; कुछ हैं; पर छँट रहे हैं।

संक्षेप में यह कि हिन्दी के अपने नियम हैं; अपने अधिनियम हैं। इन्हीं के द्वारा सब काम चलता है। हिन्दी के नियम स्वयं हिन्दी के बनाए हुए हैं; अपने-आप बने हैं; किसी के बनाए हुए नहीं हैं। कोई भी शासन या महाविद्वान् अपने नियम बनाकर हिन्दी को उन के अनुसार नहीं चला सकता। यह स्वतंत्र और वैज्ञानिक भाषा है।

2

हिन्दी की कुछ क्रियाएँ

इस अध्याय में हम हिन्दी की कुछ क्रियाओं की वर्तनी पर विचार करेंगे—**गयी-गई, गये-गए** आदि के वर्ण-विन्यासों को भाषाविज्ञान तथा भाषा की प्रकृति के सहारे परखेंगे। 'गयी' के पक्ष में 'भारतीय हिन्दी परिषद्' है; यानी 'गई' को उसने गँवारू प्रयोग समझा है! 'विद्वान्' लोग मानते हैं कि 'गया' का स्त्रीवर्गीय रूप 'गयी' होगा; 'गई' नहीं। परन्तु इस 'परिषद्' के किसी भी विद्वान् ने अब तक—**की, ली, पी, दी** आदि की जगह—**कियी, लियी, पियी, दियी** जैसे प्रयोग नहीं किए हैं। इस का कारण हमारी समझ में नहीं आया। 'गई' में केवल 'य्' नहीं है; तीन अक्षर तो हैं ही—'ग्, अ, ई'। परन्तु **'की'** आदि में तो बहुत ही विचित्रता है। 'किया' का स्त्रीवर्गीय रूप—'कियी'। य् का लोप 'किई' और 'सवर्ण दीर्घ-एकादेश' होकर कि + ई = **'की'** हिन्दी की क्रिया। अचरज यह है कि अनपढ़ गँवार भी समझ लेता है कि **'किया'** का स्त्रीवर्गीय रूप है—**'की'**; **'लिया'** का **'ली'** और **'दिया'** का **'दी'**। अहिन्दीभाषी जन भी समझ लेते हैं और विदेशी भी समझ लेते हैं। उर्दू में भी **की, दी, ली, पी,** जैसी वर्तनी में ही ऐसी क्रियाएँ चलती

हैं—'कियी' आदि रूपों में नहीं। उर्दू में (फारसी लिपि में) 'य' अक्षर है; पर 'कियी' फारसी लिपि में नहीं लिखते; 'की' ही लिखते हैं। सब समझते हैं कि 'किया का यह स्त्रीवर्गीय रूप है। कैसे समझ लेते हैं? भाषा स्वयं समझा देती है। संस्कृत में वर्ण का 'लोप' यों समझाया गया है—वर्ण की सत्ता हो; पर दिखाई न दे, उसे 'लोप' कहते हैं। संस्कृत में 'हरयिह' के 'य्' का लोप हो कर 'हरइह' वर्तनी से भी प्रयोग होता है और मतलब वही निकलता है, जो 'हरयिह' से। यह मतलब पाणिनि की आज्ञा से नहीं, भाषा की स्थिति से निकलता है। उसी तरह 'गया' का स्त्रीवर्गीय रूप 'गई' समझ में आता है और एकदम भिन्न वर्तनी से 'किया' का रूप 'की' भी समझ में आता है। इसके लिए किसी को हिन्दी का व्याकरण नहीं पढ़ना पड़ता—'हिन्दी शब्दानुशासन' नहीं खरीदना पड़ता। निपट निरक्षर भी सब सरलता से समझ लेते हैं। आज तक कभी किसी के सामने अड़चन नहीं आई। किसी ने भी यह नहीं कहा कि 'की' 'ली' 'दी' हमारी समझ में नहीं आते; वर्तनी ठीक करके 'कियी' आदि विन्यास चाहिए। 'परिषद्' ने भी 'की' आदि की जगह 'कियी' आदि लिखने का आदेश नहीं दिया है। तब फिर गई, आई, लाई आदि पर ही 'य्' का बोझ क्यों लादा जाए? 'लोप' क्या बुरा है? 'परिषद्' वाले 'गई' 'आई' से परहेज़ करके 'गयी' 'आयी' जैसे रूप ही लिखते हैं; ठीक है। हम 'गयी' आदि को गलत थोड़े ही कहते हैं। कहना केवल यह है कि 'गई' 'आई' जैसी वर्तनी गलत क्यों समझी गई?

चलो, मान लो; बात समाप्त हुई। परन्तु अवधी के—**आवा, लावा, पावा** आदि के स्त्रीवर्गीय रूप क्या **'आवी', 'लावी', 'पावी'** जैसे किए जाएँ गे? वह भी साहित्यिक भाषा है। अनपढ़ लोग

'पावा' का 'पाई' भले ही बोलते रहें, पर साहित्य में तो 'पावी' ही चलना चाहिए न! तुलसीदास ने 'मनहुँ निधि **पाई**' लिखा है; मंथरा '**आई**' लिखा है। गलती है? '**पावी**' और '**आवी**' उन्हें लिखना चाहिए था? उन्होंने '**आवा**' का बहुवचन ('**आवे**' न लिखकर) '**आए**' लिखा है—'**आए** दोउ भाई'। क्या 'आवे' चाहिए था? तुलसीदास को जाने दो; आज के भी अवधी-कवि 'आए',-'आई' ही बोलते-लिखते हैं। यह क्यों? और, यदि किसी सरकारी आज्ञा से लोग 'आई', 'पाई' आदि की जगह 'आवी', 'पावी' लिखने भी लगें, तो जनता को क्या करेंगे? उस के मुँह से तो 'लरिकवा **आवा**' और 'बिटिया **आई**' ही निकले गा; '**आवी**' कभी भी नहीं। भाषा का प्रवाह कोई बदल सकता है क्या? व्याकरण में तो यथास्थित पदों का अन्वाख्यान भर होता है कि ऐसा प्रयोग होता है। व्याकरण भाषा के प्रवाह को बदल नहीं सकता है।

हमें हिन्दी-क्रियाओं की वर्तनी पर अभी बहुत-कुछ कहना है। उसी की यह भूमिका है।

हिन्दी की संक्षेप-प्रियता

हिन्दी ने 'किया' का स्त्रीवर्गीय रूप 'की' कर लिया; यह अनहोनी नहीं है। यहाँ तो केवल एक वर्ण (य्) का लोप होकर (इ + ई = 'ई) सन्धि से रूप 'की' बना है; परन्तु अन्यत्र एक नहीं, दो-दो और तीन-तीन वर्णों का लोप कर के हिन्दी ने अपनी संक्षेप-प्रियता का परिचय दिया है। एक उदाहरण पर्याप्त होगा।

वेद-भाषा में एक तद्धित-प्रत्यय है—'ताति'। 'शिवतातिः' जैसी भाववाचक संज्ञाएँ बनती थीं, जिनके उदाहरण मन्त्रों में सुलभ हैं। पाणिनि ने भी वेद-भाषा के इस 'ताति' प्रत्यय का उल्लेख

अपनी 'अष्टाध्यायी' में किया है। आगे की संस्कृत ने **'ति'** को हटा कर **'ता'** मात्र प्रत्यय रखा—शिवता, रुद्रता, मूर्खता आदि।

जनभाषा ने 'ति' के व्यंजन मात्र (त्) का लोप करके 'ताइ' प्रत्यय बना लिया। हिन्दी में दीर्घान्त कर लेने की प्रवृत्ति है—'मुरारी लाल शर्मा'। 'मुरारि लाल' कोई नहीं बोलता। 'विनति' का रूप 'विनती' दीर्घान्त कर लिया गया—'विनती एक हमारी'। इसी प्रवृत्ति ने 'ताइ' को 'ताई' कर दिया। ब्रजभाषा-साहित्य में—'कासों कहौं निज **मूरखताई'** जैसे टकसाली प्रयोग कवियों के हैं। हिन्दी के विद्वान् 'मूरखताई' जैसे प्रयोगों को गलत समझते रहे; इस लिए दूर रहे। 'देखी अनूपम **सुन्दरताई'** जैसे प्रयोगों को इस लिए गलत समझा जाता रहा कि 'ताई' प्रत्यय की खोज तब तक न हुई थी। मैं भी ऐसे प्रयोगों को गलत समझता रहा और एक जगह लिख भी दिया कि "'सुन्दरता' भाववाचक में एक और भाववाचक प्रत्यय 'आई' लगाकर 'सुन्दरताई' जैसे प्रयोग ठीक नहीं हैं; परन्तु कवियों के प्रयोग हैं। 'दवा' स्त्रीवर्गीय शब्द स्वतः है; पर उसमें भी 'ई' स्त्री-प्रत्यय लगाकर 'दवाई' भी सामने है। परन्तु इन इने-गिने शब्दों को आदर्श मानना ठीक नहीं है।" आगे चलकर ('हिन्दी शब्दानुशासन' लिखते समय) 'आई' प्रत्यय के विकास-निकास की खोज हुई, तो 'ताति' पर ध्यान गया और तत्त्व समझ में आया।

'ताति' के 'ति' से 'त्' का लोप समझते ही हिन्दी की (वर्तमान काल की) 'है' क्रिया समझ में आ गई। वर्तमान काल की 'भवति' 'भवन्ति' क्रिया के 'ति' प्रत्यय के 'त्' का लोप करके जनभाषा ने अपना **'इ'** प्रत्यय बना लिया और 'न्ति' का रूप **'इं'** कर लिया। 'अस्' धातु का वर्ण-व्यत्यय करके 'स्' + 'अ' = 'स' रूप। यह **'स'** हरियाना में सुन सकते हैं; पर पड़ोस के कुरु-जनपद में 'स' का

रूपान्तर 'ह' हो गया। यह 'ह' धातु कुरु-जनपद में, ब्रज में, पाञ्चाल में तथा अवध आदि में चलती है; पर राजस्थान में 'स' का रूप 'छ' हो गया। इन सब धातुओं में वर्तमान काल का 'इ' प्रत्यय लगता है। अ + इ = 'ऐ' सन्धि कहीं-कहीं संस्कृत में भी होती है और हिन्दी में भी होती है—अब धातु ('स' 'छ' तथा 'ह') में प्रत्यय लगा लीजिए—

स + इ = 'सै' —'के करै **सै'** —हरियाना।

छ + इ = 'छै' —'काईं करै **छै**—राजस्थान।

ह + इ = 'है' —**हिन्दी,** ब्रजभाषा, अवधी आदि में।

हमें यहाँ इतना ही कहना है कि 'ति' के 'त्' का लोप अन्यत्र भी हुआ है।

फिर, 'ताई' के बचे-खुचे दूसरे 'त्' का भी लोप कर के 'आई' एक और प्रत्यय बना लिया गया, जो प्रायः तीन स्वरों के विशेषणों में लग कर भाववाचक संज्ञा बनता है—चतुराई, सुघराई, (ब्रजभाषा में) निपुनाई आदि। 'तरुणाई' हिन्दी में गृहीत हो गया है।

इस 'आई' के 'आ' का लोप कर के एक और भाववाचक प्रत्यय —'ई' —सावधानी, होशियारी आदि। यह सब से छोटा रूप प्रायः चार स्वरों वाले विशेषणों में लगता है। 'आई' से तो 'सावधानाई' जैसा त्रिविक्रम रूप बन जाता! सो, (ताति >) ताई, आई और 'ई' प्रत्ययों का यथास्थान प्रयोग। 'किया' से 'की' जिस भाषा ने बनाया, उसने और भी बहुत इसी तरह के काम किए हैं। 'आई' तथा 'ई' प्रत्ययों का प्रयोग उर्दू वाले भी करते हैं। क्या 'ताति' के 'त्' का लोप न मान कर **'चतुराई'** को **'चतुराती'** या 'चतुरताती' करना है? यहाँ बुद्धिमान् लोग पूछ सकते हैं; पूछ भी चुके हैं कि 'आये' तथा 'आयी' के 'य्' का वैकल्पिक लोप बता कर

आप ने 'आए' और 'आई' को भी शुद्ध बतलाया; पर 'आया' में 'य्' का वैसा (वैकल्पिक) लोप भी होना चाहिए न! 'आया' के साथ यदि 'आआ' लिखा जाए, तो क्या आप उसे ठीक न कहेंगे? 'आआ' ठीक नहीं, तो फिर 'आए' और 'आई' भी ठीक नहीं।

इसका उत्तर यथासमय दे दिया गया था और वह यों है—

भाई मेरे, न मैं कहीं 'य्' का लोप करता हूँ और न कहीं लोप होने को मना करता हूँ। मेरे कहने पर भाषा न चलेगी। लिख भी दें, (साक्षात् पाणिनि भी) कि 'आया' के 'य्' का भी वैकल्पिक लोप हो जाता है, तो भाषा उन की परवा न करेगी और हजार 'भारतीय हिन्दी परिषदें' हजार वर्षों तक 'आए' 'आई' के 'य्' का वैकल्पिक लोप अस्वीकार करें, तो भी भाषा न सुने गी। 'किया' के 'की' रूप में तो 'य्' का 'नित्यलोप' है। 'किया' का स्त्रीवर्गीय रूप केवल 'की' रहेगा; 'कियी' कभी भी न होगा; न 'किई' ही होगा। 'नित्य लोप' और 'निय सन्धि'।

हाँ, यह जरूर पूछ सकते हैं कि यह लोप होता क्यों है और इस की व्यवस्था क्या है? लोप क्यों होता है, यह संस्कृत व्याकरण में तो लिखा ही नहीं। केवल यह लिखा है कि 'हरयिह' जैसे प्रयोगों के 'य्' का वैकल्पिक लोप होता है। परन्तु खूब सोचने पर जो बात समझ में आई, अन्यत्र समझाई गई है और यहाँ भी संक्षेप में समझाई जाएगी।

'य्'—लोप का कारण

'आई', 'आए' जैसे प्रयोग शताब्दियों से चल रहे हैं; लिखे जा रहे हैं और हम सब अच्छी तरह समझ लेते हैं कि 'आया' के ये रूप-विन्यास स्त्रीवर्ग में तथा (पु० के) बहुवचन के हैं। इस के लिए

कोई व्याकरण-ज्ञान आवश्यक नहीं। कुँजड़े-घसियारे भी उसी तरह समझते हैं, जैसे कि हिन्दी 'शब्दानुशासन' का कोई पंडित। यदि 'आयी'-'आये' वर्तनी हो, तो भी सब समझ लेंगे। परन्तु ऐसे रूप लिखने में दो वर्ण लगें गे; एक व्यञ्जन और एक स्वर। उच्चारण में कोई अन्तर नहीं; 'आयी-आई' और 'आये-आए' के समान उच्चारण हैं। परन्तु 'आया' के 'य्' को उड़ाकर 'आआ' होगा। यह 'य्' का 'लोप' नहीं, 'विनाश' है ! 'य्' की विद्यमानता यहाँ नहीं है; क्योंकि 'आआ' कहने से सुनने वाला वह अर्थ न ग्रहण करे गा, जो 'आया' कहने से। आआ, गआ, खाआ आदि के उच्चारण से, या इस तरह के वर्ण-विन्यास से 'आया, गया, खाया' का अर्थ नहीं निकल सकता। ऐसे प्रयोग कभी भी किसी ने नहीं किए हैं। 'आआ' आदि बोलने में भी अटपटे हैं। 'आया' कहने में कितनी सरलता है ! जैसे छाया, माया, काया आदि के उच्चारण, उसी तरह 'आया' का है। दो अकार या दो इकार साथ-साथ नहीं रह सकते, जब तक बीच में कोई व्यञ्जन न हो। 'गआ' में 'अ' के साथ 'आ' है; इसलिए अटपटा लगता है। ऐसे समस्थानीय वर्ण सन्धि कर के ही साथ-साथ रह सकते हैं। 'आ' धातु में वर्तमान काल का 'त' प्रत्यय लगा, तो पुंवर्ग-प्रत्यय 'आ' उसमें आ लगा—आत + आ = 'आता'। इसी तरह भूतकाल का 'य' प्रत्यय आने पर आय + आ = 'आया' आदि 'पद' हैं; चलते हैं। बिना सन्धि के 'आतआ है' 'आयआ है' नहीं चलते। 'संहितैकपदे नित्या'। एक पद में सन्धि 'नित्य' (अनिवार्य) है। इसी लिए 'किया' का 'कियी' से 'किई' होकर 'सवर्ण दीर्घ-एकादेश' सन्धि अनिवार्य है—'की'। 'किई' 'लिई' आदि चल नहीं सकते और 'य' का लोप यहाँ अनिवार्य है; वैकल्पिक नहीं। सो, 'कियी' 'लियी' जैसे प्रयोग

सम्भव ही नहीं। दो इकारों के बीच में 'य्' पिस जाता है; पर पिस जाने के बाद भी अपनी सत्ता बनाए रखता है। 'लोप' होता है; विनाश नहीं। लोप होने पर 'इ' आगे की 'ई' के साथ मिलकर 'ई' हो गई —'की'। सो, 'आआ' 'गआ' 'खाआ' आदि तो रह ही नहीं सकते; सन्धि हो कर आ, गा, खा जैसे रूप बन जाते ! उच्चारण में तो सुगम हो जाते; पर इनसे 'आया' आदि का अर्थ न निकलता। कभी कोई 'आ' से 'आया' का अर्थ न निकाल सकता; क्योंकि 'य्'—लोप की ज़रूरत ही नहीं। आया, खाया, गया, लाया आदि में 'या' स्पष्ट सुनाई देता है; तब लोप क्यों हों ? 'आये' 'आयी' आदि में 'य्' की श्रुति एकदम नहीं है। बच्चों से लिखवाओ, बोलकर— 'लड़के आये' 'रमा आयी' तो वे लिखेंगे—'लड़के आए' 'रमा आई'। कारण, उन्हों ने 'य्' सुना ही नहीं। परन्तु बोल कर लिखवाओ—'लड़का आया', तो वे कभी भी 'लड़का आआ' न लिखेंगे; क्योंकि 'या' स्पष्ट सुनाई देता है। 'आ' के साथ 'य्' सुनाई किसे नहीं देता है ?

यहाँ जिज्ञासा होगी कि 'आया' में 'य्' क्यों सुनाई देता है और 'आयी'-'आये' में क्यों नहीं ? सोचने से सब मालूम हो जाता है। हिन्दी का गठन पूर्ण वैज्ञानिक है।

स्वर प्रबल होता है और व्यंजन निर्बल होता है। व्यंजन स्वरों के सहारे ही अपना रूप प्रकट करते हैं—'ता' में स्वर अन्त में है और 'आत्' में वह आदि में है। अयोगवाह (अनुस्वार और विसर्ग) भी स्वरों के सहारे ही रहते हैं—पर वे स्वरों के अन्त में ही उच्चरित होते हैं; आदि में नहीं, कभी भी नहीं।

जो जिसके सहारे रहता है, वह उस से दबा रहता है और यदि सवर्ण हुआ, तो अपनी आवाज़ भी दबा देता है। जिस की कोई

आवाज़ नहीं, उसका 'लोप'। पराधीनता में भारत की कोई स्वतंत्र आवाज़ नहीं थी; पर सत्ता तो थी ही। सबको मालूम था कि भारतवर्ष कहाँ है। विजातीय विजेता से हम दबे रहे; पर 'सवर्ण' वह न था; 'भारतीय' न था; इसलिए 'सवर्ण-सन्धि' न हुई। यही स्थिति भाषा के 'पदों' की है।

'य्' तथा 'इ-ई' सवर्ण हैं और समस्थानीय हैं। यदि दो सवर्ण स्वर (समस्थानीय) 'य्' को बीच में पा जाते हैं, तो उसे एकदम दबा देते हैं—उसका 'नित्य लोप' हो जाता है। 'कियी', 'लियी' आदि में 'य्' बीच में पड़ गया है। 'इ' और 'ई' ने उसे दबोच लिया है। 'कियी' में 'य्' की कोई आवाज़ नहीं; इसलिए 'लोप'। 'आये' 'आयी' आदि में भी 'य्' की कोई आवाज़ पृथक् नहीं है; क्योंकि 'य्' समस्थानीय स्वर 'ई' के आश्रित है। इसी लिए 'य्' का वैकल्पिक लोप— 'आए'—'आई' प्रयोग। 'आये'—'आयी' भी सही; यद्यपि व्यंजन यहाँ भी दबा हुआ है। 'नित्य लोप' यहाँ नहीं; क्योंकि 'य्' दो इकारों के बीच में नहीं है। 'आये' में 'आ' तथा 'ए' के बीच में वह है और 'आयी' में 'आ' और 'ई' के बीच में। 'आ' से 'य्' को कोई खतरा सम्भव ही नहीं; सवर्णता नहीं है; समस्थानीयता नहीं है। इसी लिए (दबा-दबा ही सही) वर्तनी में रह सकता है। आगे 'ई' होने के कारण ही यह स्थिति है। 'आया' 'आयो' आदि में तो 'य्' साफ सुनाई देता है; क्योंकि न आगे 'इ' और न बाद में 'ई'। 'आयी' में 'ई' से दब जाता है। 'आये' में भी 'य्' दबा है; पृथक् आवाज नहीं है। कारण यह कि 'ए' में भी इकार विद्यमान है, जो हमें भले ही दिखाई न दे; 'य्' को कैसे धोखा दे ! भेड़िया दूसरे को न दिखाई दे; पर भेड़ तो उसे देख ही लेती है और सूख-सहम जाती है। इसी तरह 'य्' को 'ए' में छिपी 'इ' दिखाई

देती है। 'अ' और 'इ' के मेल से 'ए' स्वर निष्पन्न है। सो, 'आये' में 'ए' के साथ दब कर 'य्' अपनी आवाज खो देता है। उसका 'लोप' हो जाता है। परन्तु 'आये' 'गये' आदि में 'य्' के पहले 'इ' नहीं है; इस लिए वैकल्पिक 'लोप'। इसी तरह अन्यत्र समझिए। आया, गया, सोया, धोया आदि में तो 'य्' पूर्ण स्वतंत्र है; न इधर 'इ' और न उधर 'ई' या 'ए'। 'किया' के 'कियी' में दोनों ओर से 'य्' दब गया है। 'कि' आदि में 'इ' की मात्रा का विन्यास ही पूर्व है; उच्चारण में क् + इ = 'कि' है। ह्रस्व स्वरों की मात्राओं का विन्यास बाईं ओर और दीर्घ स्वरों का दाहिनी ओर बड़े महत्त्व का है। छोटे की कुर्सी बाईं ओर रहती है। सारांश यह है कि—

'आये'—'आयी' और 'आए'—'आई'

यों दोनों तरह की वर्तनी (प्रयोग) शुद्ध है। परन्तु दोनों में से एक ही अभीष्ट—अपेक्षित हो—एकरूपता चाहिए; तो फिर—

'आए'–'आई' और 'रोए'–'रोई'

जैसे प्रयोग ही रहेंगे; 'आये'—'आयी' आदि नहीं; क्योंकि, ली, दी, पी आदि क्रियाओं में 'य्' का लोप अनिवार्य है।

'उठिए' और 'उठिये' आदि

प्रार्थना या निवेदन करने के लिए ऐसी क्रियाएँ द्विविध वर्तनी में चल रही हैं—

उठिये, बैठिये, लीजिये, पीजिये, कीजिये, चाहिये आदि और—

उठिए, बैठिए, लीजिए, पीजिए, कीजिए, चाहिए आदि।

इनमें से दूसरी तरह की क्रियाएँ शुद्ध हैं और पहली श्रृंखला की अशुद्ध। हमने गये-गयी और गये-गए जैसे प्रयोगों को वैकल्पिक बतलाया है; क्योंकि 'य्' प्रमाण-प्राप्त है; 'गया' के

बहुवचन और स्त्रीवर्गीय प्रयोगों में 'य्' का होना ठीक है और उसका लोप हो कर 'गए'-'गई' रूप भी ठीक हैं; प्रवाह-प्राप्त हैं; वैज्ञानिक पद्धति पर हैं और एकरूपता लाने की अपेक्षा होने पर ये ही रहें गे। साधारणतः दोनों तरह के प्रयोग सही हैं। परन्तु 'उठिये' 'बैठिये' आदि प्रयोग एकदम गलत हैं; प्रामादिक हैं। यहाँ 'य्' बीच में यों ही आ कूदा है; न जाने कैसे ! इसे हटा कर 'उठिए' 'बैठिए' जैसे पदों की अर्चना करनी चाहिए। हिन्दी के निर्मल 'उठिए' जैसे पदों पर 'य्' की धूल आ चढ़ी है ! उसे धो देना चाहिए।

इस के लिए उपपत्ति देनी हो गी। प्रयोग हैं—

1. '**चाहिय** जहाँ ऋषिन कर वासा'
2. 'प्रविसि नगर **कीजिय** सब काजा'
3. '**करिय** न ऐसो छोभ विप्रवर'

यों, 'चाहिय', 'कीजिय', 'करिय' जैसे प्रयोग परम्परा-प्राप्त हैं; ठीक हैं। परन्तु 'कीजिये' आदि नहीं हैं; अकारान्त 'कीजिय' आदि हैं। हिन्दी (राष्ट्रभाषा) में 'कीजिय' आदि नहीं चलते; 'कीजिए' तथा 'कीजिये' आदि चलते हैं। हमने 'कीजिये' आदि को गलत प्रयोग कहा है। इसी तरह 'चाहिये' गलत वर्तनी है—'चाहिए' सही है।

प्रक्रिया यह है। संस्कृत के 'पठनीयम्', 'करणीयम्' आदि प्रयोगों के 'पठनीय',-'करणीय' आदि प्रातिपदिकों से हिन्दी-संघ की भाषाओं ने 'ईय' निकाल कर 'इय' प्रत्यय बना लिया—'वेदः पठनीयः' की जगह 'पढ़िय वेद' अपने प्रयोग। हिन्दी में 'चाह' धातु इच्छार्थक है—'मैं चाहता हूँ·····'। एक 'चाह' धातु आवश्यकतार्थक है—'हमें कुछ बुनकर चाहिए' ('चाहिएँ' गलत है, यह आगे बताया जाए गा।) एक 'चाह' धातु है औचित्यार्थक—'हमें आपस में प्रेम से रहना चाहिए'; 'वैर न करना चाहिए' आदि प्रयोग इसी के हैं।

'चाहिय जहाँ ऋषिन कर वासा' आदि में 'चाहिय' इसी धातु का है।

हिन्दी-संघ की कई भाषाओं ने 'ईय' प्रत्यय के 'य' को 'इ' कर लिया और फिर 'ई + इ = 'ई' एक अलग प्रत्यय— 'तुम्हैं अस न **चाही**'। 'चा' की जगह 'च' भी बोलते हैं—'तुम्हैं अस न **चही**'। हिन्दी में—'तुम्हें ऐसा न **चाहिए**'। यानी, यहाँ 'ईय' प्रत्यय के 'य' को 'इ' करके 'ए' कर लिया गया। अन्यत्र इय>इइ>ई—'चाही'। यहाँ 'सवर्ण दीर्घ' सन्धि अनिवार्य है। हिन्दी ने अन्त्य 'इ' को 'ए' कर लिया—**'इए'** अपना प्रत्यय। अकारान्त धातुओं के (अन्त्य) 'अ' का लोप ऐसी जगह हो जाता है—चाह + इए = 'चाहिए'। अन्यत्र सोइए, धोइए, लीजिए, कीजिए आदि।

'य' को संस्कृत में भी 'इ' कहीं हो जाता है। 'यज्' का रूप **'इष्टि'** है। **'इष्टि'**—यज्ञ। 'इ' को 'ए' भी हो जाता है। 'जि' का रूप 'जेता' है। इसी तरह हिन्दी में 'य' को 'इ' और फिर उस (इ) को 'ए' रूप। 'इय' बन गया—**'इए'**। इसी से फिर उठिए, बैठिए आदि रूप हैं। उठिये, बैठिये, चाहिये आदि प्रामादिक रूप हैं—उठिय, बैठिय, चाहिय आदि के संस्कार और हिन्दी के 'उठिए', 'बैठिए' आदि का क्षेत्र। चल पड़े प्रयोग 'उठिये' आदि। चल ही रहे थे; पर जब पदों की एकरूपता की माँग हुई, तब सोचा गया कि इन में से कौन-सा रूप अधिकार रखता है। तब ऊहापोह से 'उठिए' आदि रूप खरे जँचे। अब इन का ही चलन बढ़ रहा है।

सो, **'इए'** प्रत्यय का ध्यान रखिए। सोचना चाहिए कि यह 'ए' है तो, उस 'य' का ही रूपान्तर न? जब 'य' को 'इ' और 'ए' रूप मिल गया, तब फिर वह स्वयं कहाँ रहा? सेर-भर दूध का दही जमा दिया; जम गया। तो अब दूध कहाँ रहा? यह कैसे हो सकता है कि सेर-भर दूध का सेर-भर दही भी बन जाए और वह (दूध) भी

पूरा सेर-भर अलग बना रहे ! बच्चों की-सी बातें हैं।

बहुत स्पष्ट है कि—

चाहिए, लीजिए, पीजिए, सोइए, उठिए, बैठिए आदि प्रयोग शुद्ध हैं और—

चाहिये, लीजिये, पीजिये, सोइये, उठिये, बैठिये आदि प्रयोग गलत हैं। गलत भी चल ही रहे थे; प्रत्युत लोग उलटे 'चाहिए' आदि को ही गलत बतला रहे थे। बतला भर रहे थे, वैसा कुछ प्रमाणित करना तो टेढ़ी खीर है। 'भई हम तो 'चाहिये' जैसे प्रयोग ठीक समझते हैं' कह दिया और बस ! इसी तरह की उलटी-सुलटी बातों से भाषा को विकृत किया गया है। जब विवेचना हुई, तो दूध से पानी अलग कर दिया गया। दूध का दूध और पानी का पानी !

'सँदेसो देवकी सों कहियो' में जैसे 'कहियो' है, उसी तरह 'दीजियो', 'कीजियो', 'लीजियो' आदि क्रियाएँ हिन्दी-संघ की कई भाषाओं में चलती हैं। 'ओ' में 'इ' का सन्निवेश नहीं है; इस लिए यहाँ 'य्' के लोप होने की कोई चर्चा ही नहीं। 'कीजिए' और 'कीजिए' में जो अनुनय-प्रार्थना है, वही कुछ 'कीजियो' में भी है; पर भविष्यत् के लिए। यानी 'कीजिय' में 'ओ' लगा कर ये भविष्यत् की प्रार्थनाएँ बना ली गई हैं। 'गये' में 'इ' होने से 'य्' का वैकल्पिक लोप कहा गया है। गयो, कीजियो आदि में तो 'य्' की स्पष्ट श्रुति है। अपनी आवाज है; तब दबने-छिपने की बात ही नहीं।

3

नाम, यानी संज्ञाएँ

नामों, यानी संज्ञाओं में कभी कोई रद्दो-बदल नहीं होता। 'सोहन लाल' को 'शोभन लाल' नहीं किया जा सकता और न ऋषि 'विश्वामित्र' को ही 'विश्वमित्र' कहा जा सकता है। 'विश्वमित्र' का ही रूप 'विश्वामित्र' हो गया, जब एक नाम बना। विशेषण 'विश्वमित्र' ही रहे गा। पाणिनि ने भी 'विश्वामित्र' को 'विश्वमित्र' का ही रूपान्तर माना है और उसका उसी रूप में प्रयोग करने का निर्देश किया है। परन्तु हिन्दी की स्थिति तो बड़ी विचित्र है न! संस्कृत-प्रेमी इसे संस्कृत-पद्धति पर चलाना चाहते हैं; फारसी-प्रेमियों ने सरकारी मदद से इसे फारसी-पद्धति पर चला कर हुलिया ही बदल दिया और नाम भी 'उर्दू' रख लिया। अंग्रेजी-प्रेमी, विशेषतः 'डॉक्टर' लोग भी इसे अंग्रेजी का उच्चारण सिखाने में लीन हैं। और तो और, सिनेमा वालों ने भी काम किया और—

'बैजू बावरे' को 'बैजू बावरा' बना दिया! नाम हैं—

नन्ददुलारे वाजपेयी, **रामप्यारे** त्रिवेदी, **मोहनप्यारे** शुक्ल, **रामदुलारे** अग्रवाल। सब एकारान्त हैं। परन्तु विशेषण हैं आकारान्त—

प्यारा-दुलारा मेरा लाड़ला है।

इन विशेषणों से जब कोई संज्ञा बनती है, तब रूप एकारान्त हो जाता है, हिन्दी में। पंजाबी में **'रामप्यारा'** 'रामलभाया' जैसे नाम होते हैं; हिन्दी में 'रामप्यारे' जैसे। हिन्दी में 'रामप्यारा शुक्ल' 'नन्ददुलारा त्रिवेदी' जैसे नाम नहीं होते। विशेषण में और नाम में भेद रखती है हिन्दी। संस्कृत की भी यही पद्धति है। 'राष्ट्रीय' विशेषण (भेदक) है और संज्ञा 'राष्ट्रिय' है। राजा के साले को 'राष्ट्रिय' कहते थे।

ब्रजभाषा में भी यही पद्धति है। विशेषण हैं—प्यारो, दुलारो, बावरो आदि। संज्ञाएँ एकारान्त (ब्रज में भी) होती हैं—

रामप्यारे कब आवै गो

रामदुलारे तौ बावरो ह्वै गयो है

विशेषण 'बावरो'—

'बावरो तेरो नाह भवानी' (तुलसी)। परन्तु नाम एकारान्त होगा—

बैजू बावरे एक संगीताचार्य थे

'बैजू बावरे' को 'बैजू बावरा' कर दिया सिनेमा वालों ने; एक चित्र का नाम रख दिया—'बैजू बावरा' ! कितना बुरा !

'बैजू बावरे' नाम कैसे पड़ा, यह अलग बात है। माँ-बाप 'रामप्यारे' नाम रखते हैं, तो यह नहीं कि बच्चे को राम जी प्यारे हैं; या बच्चा राम जी को प्यारा है। नाम रख दिया; राम जी अच्छे लगे। इसी तरह प्यर में माँ-बाप 'बैजू बावरे' कहने लगे हों गे। हो सकता है कि जन्मजात कलाकार बचपन में ही 'आलाप' भरने लगे हों और वही सब सुनते-सुनते लोग 'बैजू बावरे' कहने लगे हों। कुछ भी हो, नाम है—'बैजू बावरे'। 'बावरा' तो सर्वथा गलत है।

यदि 'बैजू' मात्र नाम रख कर उन्हें पागल कहना हो, तो 'बैजू बावरो' हो गा; या 'बैजू बावला' हो गा। 'बावरा' सर्वथा भ्रष्ट है।

संज्ञाओं के बहुवचन

संज्ञाओं के बहुवचन (सभी भाषाओं की तरह) हिन्दी भी अपने विशेष ढंग पर बनाती है। हमारा 'लोटा' अंग्रेजी में जाकर बहुवचन 'लोटाज़' हो जाए गा और अंग्रेजी का 'फुट' (अंग्रेजी में बहुवचन 'फीट' होता है; पर) हिन्दी में 'फुट' ही रहेगा —'चार फुट चौड़ा'। 'चार फीट चौड़ा' हिन्दी में गलत है; जैसे अंग्रेजी में 'ब्रिंग माई लोटे' कहना गलत है—'ब्रिंग माई लोटाज़' वहाँ कहा जाए गा।

हिन्दी ने 'अपनी' पुंविभक्ति (या पुंप्रत्यय) के रूप में 'आ' रखा है—लड़का, घोड़ा, कपड़ा आदि पुंवर्गीय शब्द हैं। तद्‌भव शब्दों में भी 'आ' लग जाता है—मिष्ट > मीठ + आ= 'मीठा'। अवधी आदि में 'मीठ पानी'। हिन्दी में 'मीठा पानी' और ब्रज में 'मीठो पानी'। ऐसे शब्दों के बहुवचन एकारान्त हो जाते हैं—

बड़े घोड़े, अच्छे कपड़े, मीठे खरबूजे 'को' जैसी विभक्ति सामने हो, तो 'औं' विकरण—'**अच्छे घोड़ों** को दाना दो'। विशेषण एकारान्त हो जाता है; एकवचन में भी—'**अच्छे घोड़े** को दाना दो'। ऐसे शब्द स्त्रीवर्ग में ईकारान्त हो जाते हैं। परन्तु संस्कृत आकारान्त स्त्रीवर्गीय शब्द ज्यों-के-त्यों रहते हैं और उनके बहुवचन में 'एँ' प्रत्यय अन्त में लग जाता है—लताएँ, विद्याएँ, कन्याएँ आदि। हिन्दी सभी स्त्रीवर्गीय शब्दों के बहुवचन में 'एँ' प्रत्यय लगाती है।

बहनें, जामुनें, पुस्तकें, लताएँ, विद्याएँ आदि। 'यें' प्रत्यय नहीं

है कि **'लतायें'** आदि रूप बनें। हिन्दी का यह अपना स्वतंत्र प्रत्यय है। हिन्दी तो 'ए' में वहाँ भी 'य्' को हटा देती है, जहाँ वह अपने उत्स से साथ लाता है। 'गया' का रूप 'गए' देख चुके हैं। ऐसी स्थिति में वह 'अपना' प्रत्यय 'यें' कैसे बना सकती है? यदि 'यें' प्रत्यय होगा, तो 'पद' बनते—बहन्यें, जामुन्यें, पुस्तक्यें आदि। 'बहन्यें' का 'बहनें' कैसे हो जाता? 'बहन्यें' में 'य्' की जो स्थिति है, वही 'लतायें' में है। य् की भरमार करने की सनक, या अज्ञान! उर्दू में भी **'लताएँ'** जैसे पद चलते हैं; **'लतायें'** जैसे नहीं।

'पुस्तकें' ठीक; पर **'इंद्रियें' गलत**

व्याकरण का 'अति' ध्यान रखने वाले लिख देते हैं—'हमारी इन्द्रियें बहुत प्रबल हैं'। पूछो, 'इन्द्रियें' कैसे? तो उत्तर है—जैसे 'पुस्तकें'! किसी व्याकरणज्ञान-शून्य नैयायिक के मुँह से निकल गया—'अर्थरि मे प्रयोजनं नतु शब्दरि'! किसी ने पूछा—" 'अर्थरि' 'शब्दरि' कथम्?" उत्तर मिला—"यथा कर्तरि तथा अर्थरि, यथा अर्थरि तथा शब्दरि!" कुछ इसी तरह का उत्तर है कि जैसे 'पुस्तकें' उसी तरह 'इन्द्रियें'।

'इन्द्रियें' इस लिए विचारणीय है कि यह एक गुत्थी है। 'इन्द्रिय' का रूप 'इन्द्रियाँ' कैसे?

सब से पहले समझ लीजिए कि 'इन्द्रियाँ' 'इन्द्रिय' शब्द का बहुवचन नहीं है। 'इन्द्रिय' का होता, तो जरूर 'इन्द्रियें' होता। यहाँ 'य्' का लोप भी न होता कि 'इन्द्रिएँ' वैकल्पिक प्रयोग होता। वह 'य्'-लोप का प्रकरण हिन्दी के 'अपने' शब्दों के लिए है; संस्कृत (तद्रूप) शब्दों के लिए नहीं। 'गयी-गई' की तरह 'स्थायी' के रूप **स्थायी > स्थाई** कभी भी न होंगे। हाँ, 'थाई' तद्भव रूप जरूर होगा; न 'स्' और न 'य्'। सो, 'इन्द्रियें' का रूप 'इन्द्रिएँ' भी न होता।

'इन्द्रियें' रूप गलत है—'इन्द्रियाँ' शुद्ध है। 'इन्द्रियाँ' पद संस्कृत 'इन्द्रिय' का नहीं है कि उसे 'इन्द्रियें' रूप से लिखना कोई सिखाए !

संस्कृत 'इन्द्रिय' शब्द का तद्भव रूप बना—'इन्द्री'। 'य' को 'इ' और 'सवर्णदीर्घ एकादेश'—इन्द्रि + इ = 'इन्द्री'। संस्कृत 'घृत' का 'घिय' हो कर 'य' को 'इ' और 'सवर्ण दीर्घ' हो कर जैसे 'घी' बना है, उसी तरह 'इन्द्रिय' का 'इन्द्री' रूप।

एकवचन में 'इन्द्री' बोला जाता है, तो केवल एक इन्द्रिय (पुमिन्द्रिय) का बोध कराता है, और बहुवचन में सभी इन्द्रियों का—'इन्द्रियाँ चञ्चल हैं'। 'इन्द्रियों की शक्ति' में भी 'इन्द्री' शब्द है—नदियों में, इन्द्रियों में। जैसे 'नदी' का बहुवचन नदियाँ, छोकरी का 'छोकरियाँ', उसी तरह 'इन्द्री' का रूप है—'इन्द्रियाँ'। अपढ़-सपढ़ सभी लोग 'इन्द्रियाँ' बोलते हैं, 'इन्द्रियें' नहीं।

हिन्दी-संघ की सभी भाषाओं में 'इन्द्रिय' का तद्भव रूप 'इन्द्री' है—'इन्द्रिन मोहिं नचायो'। जैसे 'नदी' का 'नदिन', उसी तरह 'इन्द्री' का रूप 'इन्द्रिन' है। 'इन्द्रियन' कहीं न मिले गा।

दर्शन हुए—'दर्शन हुआ' नहीं। हिन्दी पर 'विचारक' लोग नई-नई आफतें ढहाते रहते हैं। 'आप के दर्शन वहीं हुए थे', **'राजर्षि टंडन के** दर्शन किए'। इस तरह 'दर्शन' का प्रयोग बहुवचन में होता है; परन्तु लगभग दस-पन्द्रह वर्षों से—

'आप का दर्शन **हुआ**'

'आप का दर्शन **किया था**'

इस तरह के बेहूदा प्रयोग सामने आने लगे हैं। यह 'विचारक' लोगों की कृपा है। उन्हों ने देखा कि—'मैंने विद्यालय का **निरीक्षण किया'** प्रयोग होता है; 'निरीक्षण किए' नहीं; तब 'दर्शन किए' कैसे !

उन्हों ने 'निरीक्षण' की ही तरह 'दर्शन' को भी समझ लिया। जब यमुना दिल्ली हो कर प्रयाग जाती है, तब गंगा को भी (हरिद्वार का मार्ग छोड़ कर) दिल्ली हो कर ही जाना चाहिए !

अरे भाई, यमुना एक नदी है; गंगा दूसरी है। दोनों के मार्ग भिन्न-भिन्न हैं। प्रयाग में दोनों एक साथ हैं। इसी तरह 'देखना', 'निरीक्षण' और 'दर्शन' क्रियाएँ हैं। तीनों के मार्ग भिन्न हैं, पर 'नेत्र-व्यापार' में तीनों एक जगह हैं।

साधारणतः 'देखना'—'मैंने पड़ा देखा'।

ध्यानपूर्वक देखना—'निरीक्षण'—'विद्यालय का निरीक्षण अधीक्षक ने किया'।

आदरपूर्वक 'देखना'—'दर्शन करना'—'मै ने भी राजर्षि के **दर्शन किए** थे।'

सम्मानार्थ बहुवचन होता है 'दर्शन' का। भाषा की प्रवृत्ति कौन बदले ! 'दार' शब्द 'पत्नी' का पर्याय है संस्कृत में; पर पुंवर्ग में और बहुवचन में चलता है—'मैथिली तस्य दाराः'।

उर्दू में भी 'दीदार' का प्रयोग बहुवचन में ही होता है। एक बात और। इतिहास की पुस्तकों में लिख देते हैं—'शिवा जी बहादुर था' 'महाराणा प्रताप भटकता फिरता रहा।' ये भ्रष्ट प्रयोग हैं। इन को आदरणीय समझा जाता है। 'महात्मा गांधी आ गया' 'पण्डित जवाहर लाल नेहरू चला गया' आदि प्रयोग ठीक हैं क्या ? इसी तरह 'अपने हस्ताक्षर किए' शुद्ध है और 'हस्ताक्षर किया' गलत है।

राजदम्पति आए—राजदम्पती आए इस प्रकार द्विविध प्रयोग हैं। कौन-सा प्रयोग सही है ? 'दम्पति' संस्कृत में एक सामासिक शब्द है—जाया औरपति—'दम्पति'; यानी 'पति-पत्नी'।

'पति-पत्नी' में 'पति' शब्द पहले है और 'पत्नी' बाद में। 'दम्पति' में 'पति' शब्द अन्त में है। 'पत्नी' के अर्थ में 'दम्' शब्द कहीं प्रचलित नहीं है; परन्तु कभी कहीं यह (या इस से मिलता-जुलता) शब्द चलता हो गा। वह शब्द तो लुप्त हो गया; पर 'दम्पति' में बना रहा। इसी लिए कहा जाता है कि 'जाया' (पत्नी) को 'दम्' आदेश हो जाता है, जब 'पति' शब्द के साथ उस का समास हो। हिन्दी में गमनार्थक 'जा' धातु है—जाता है, जाए गा आदि उस के पद हैं। 'ग' धातु का चलन हिन्दी में नहीं है; 'गा' का जरूर है—'गाता है'। परन्तु भूतकाल में 'जा' धतु का प्रयोग नहीं होता; न हिन्दी-संघ की किसी अन्य भाषा में ही होता है। होता, तो 'राम काशी जाया था', 'लड़की काशी जायी (जाई)' जैसे प्रयोग होते। ब्रजभाषा में भी 'कान्ह गोकुल जायो' जैसे प्रयोग होते; 'कान्ह गोकुल गयो' की जगह। परन्तु ऐसा नहीं है। 'जन्' धातु 'जा' के रूप में जरूर ब्रज में चलती है—'गारी मति दीजो, मो गरीबनी को **जायो** है'। '**जाई** देवकी नहिं कन्या'। गमनार्थक 'गम्' से निष्पन्न 'ग' धातु ली जाती, तो दीर्घान्त प्रवृत्ति के अनुसार 'गा' बन जाती और तब 'गाता है' का प्रयोग भ्रमात्मक होता; क्योंकि 'गा' धातु एक अन्यार्थक यहाँ है। इसी लिए संस्कृत 'या' को 'जा' करके हिन्दी संघ में (तथा अन्यत्र भी) 'धातु' रूप से स्वीकार किया गया। परन्तु भूतकाल में 'जा' का प्रयोग अनेक जगह भ्रम-सन्देह पैदा करता; इस लिए 'जा' को 'ग' आदेश, भूतकाल में। यानी हिन्दी में प्रचलित धातु 'जा' है; 'ग' नहीं; परन्तु भूतकाल में उसे 'ग' आदेश हो जाता है; यानी 'जा' की जगह 'ग' का प्रयोग होता है। इसी तरह 'पति' के साथ पत्नी का समास होने पर उसे 'दम्' आदेश हो जाता है। संस्कृत-व्याकरण में 'जाया' को 'दम्' आदेश कहा गया है। 'जाया'

और 'पत्नी' पर्याय शब्द हैं। यदि 'जाया' रहता, जो 'पति-जाया' रूप होता; क्योंकि 'पति' में मात्रा-लाघव है। 'दम्पति' में 'पति' का पर-प्रयोग है; क्योंकि 'दम्' में केवल एक ह्रस्व स्वर है। मतलब इतने से कि 'दम्पति' शब्द 'पति-पत्नी' का पर्याय है। संस्कृत में द्विवचन भी होता है। 'दम्पति' में दो हैं— पति और पत्नी; इसलिए इसका प्रयोग वहाँ द्विवचन में होता है—

दम्पती मया **दृष्टौ** (पति-पत्नी को मैंने देखा)

राजदम्पती मया **दृष्टौ** (राजा-रानी को मैंने देखा) यानी 'पति' की जगह 'पती' द्विवचन। जैसे—

कवी समागतौ (दो कवि आए)।

'कवि' का **'कवी'** द्विवचन रूप। परन्तु एकवचन में 'कवि' को दीर्घान्त रूप न मिले गा—

कविः समागतः (कवि आया)।

सारांश यह कि मूल (सामासिक) शब्द, यानी 'प्रातिपदिक' है— 'दम्पति'।

हिन्दी में 'द्विवचन' नहीं होता; द्वित्व का भी अभिधान बहुवचन में ही होता है—एक के बाद अनेक, बहुत। 'अनेक' में 'दो' भी आ जाते हैं। इकारान्त संज्ञाएँ बहुवचन में देखिए—

सब **कवि** आए थे (**'कवयः'** नहीं)।

और द्वित्व में भी—

दो **कवि** आए थे (दो **'कवी'** नहीं)।

इस तरह शुद्ध प्रयोग हैं—

दम्पति आए।

राजदम्पति आए।

सो, हिन्दी में 'दम्पती' गलत प्रयोग है। जो लोग हिन्दी में

'दम्पती' चलाना चाहते हैं और 'दम्पति' को अशुद्ध बतलाते हैं, उन्हें फिर ऐसे प्रयोग चलाने हों गे—

1. 'दो **कवी** आए थे और दो **बालकौ** भी'।

2. 'सब **कवयः** आ गए'।

3. 'सब **कवयः** को बैठाइए'।

उर्दू वाले 'शायर आए' की जगह '**शोअरा** आए' और 'शायरों को बैठाइए' की जगह '**शोअरा** को बैठाइए' बोलते ही हैं; लिखते भी हैं। हमारे 'शायर आए' को वे गलत कहते हैं। इसी तरह हिन्दी के (संस्कृत-प्रेमी) विद्वान् 'दम्पति' को गलत बतलाते हैं !

क्या कहा जाए ! भाषा की प्रकृति जाने बिना लोग कुछ का कुछ कहते-लिखते रहते हैं और फिर उनके इस प्रमाद को हटाने में बहुत दिन लग जाते हैं; कभी-कभी वह प्रमाद अंगद के पाँव की तरह जम जाता है। फारसी-प्रेमी हिन्दी को 'शोअरा आए' लिख-बोल कर क्या कुछ करने में समर्थ हो गए ! परन्तु 'दम्पती' वालों से वैसा कोई खतरा नहीं; संस्कृत कोई विदेशी भाषा नहीं है। तो भी, भाषा का रूप तो विकृत होता ही है और अपनी भाषा का रूप विकृत करना कोई छोटा अपराध नहीं है। 'भूल' भी अपराध बन जाती है, यदि उसे सुधारा न जाए, दूराग्रह हो।

कोई भी भाषा कहीं से भी (आवश्यकतानुसार) संज्ञा-शब्द ले लेती है; परन्तु उन पर सर्वत्र शासन अपना रखती है। अंग्रेजी में हमारा 'धोती' शब्द गया, जहाँ उसका बहुवचन 'धोतीज़' होता है; 'धोतियाँ' नहीं। परन्तु अंग्रेजी का 'फुट' शब्द हिन्दी में जो आया है; उसका बहुवचन लोग (अंग्रेजी व्याकरण के अनुसार) 'फीट' लिखते-बोलते हैं ! फारसी-प्रेमियों का 'शोअरा' और संस्कृत-भक्तों का 'दम्पती' जैसा है, वैसा ही अंग्रेजीदाँ हिन्दी के विद्वानों का 'फीट'

है। वे लिखते हैं—'चार फीट लम्बा शेर', 'एक फुट का साँप'! शुद्ध प्रयोग हैं—**एक फुट** चौड़ा और **चार फुट** लम्बा। जैसे 'चार गज', उसी तरह 'चार फुट'। सभी भाषाओं की यही स्थिति है। मम्मट, कैय्यट आदि नाम (किसी समय की) काश्मीरी भाषा के हैं। ये शब्द संस्कृत में संस्कृत-व्याकरण के अनुसार ही चले—चलाए गए—'यत्तु मम्मटेनोक्तम्' 'कैय्यटेन त्वन्यथा व्याख्यातम्'। 'मम्मटेन' और 'कैय्यटेन' संस्कृत-विभक्तियों से युक्त हैं। इसी तरह बहुवचन आदि में भी अपनी ही पद्धति भाषा रखती है। 'सब मुमालिक ने मंजूर कर लिया है' भद्दी हिन्दी है, जिसे हम 'उर्दू' नाम से जानते हैं। परन्तु 'सभी मुल्कों ने मंजूर कर लिया है' यह भद्दी भाषा नहीं है; हम सब समझ लेते हैं। 'मुमालिक' ऐसा ही है, जैसा 'फीट'। संस्कृत-प्रेमियों ने ऐसी कोई गड़बड़ी नहीं की, 'कवयः आए' जैसे प्रयोग नहीं चलाए; यद्यपि प्रारंभ में 'ष्टेशन माष्टर' जैसी वर्तनी चल पड़ी थी, जो जल्दी ही दब गई। 'दम्पती' वाले भी सब समझ गए हैं; चुप हो गए हैं।

× × ×

कुछ **विशेषणों** की चर्चा भी जरूरी है।

'राष्ट्रीय' और **'राष्ट्रिय'**।

हिन्दी-गृहीत शब्द है—'राष्ट्रीय'। 'राष्ट्रीय व्यवस्था', 'राष्ट्रीय चेतना' आदि प्रयोग सर्वग्राह्य हैं। परन्तु काशी के कुछ संस्कृत पढ़े हिन्दी-लेखकों ने कहा—"हिन्दी में 'राष्ट्रीय' गलत चल रहा है; 'राष्ट्रिय' शुद्ध शब्द है।" लोग 'राष्ट्रिय' लिख चले। 'राष्ट्रीय आन्दोलन' लिख कर छपने भेजा, सम्पादक ने 'शुद्ध' कर के छापा—'**राष्ट्रिय** आन्दोलन'! सब ने पढ़ा और समझा कि 'राष्ट्रिय' शुद्ध है! फिर, 'राष्ट्रिय' की लाइन पर चल कर लोग 'प्रदेशिय' और

'क्षेत्रिय' जैसे प्रयोग भी करने लगे। भाषा की दुर्गति हो चली। इस हवा को रोकने के लिए बड़ा उद्योग करना पड़ा। अब पुनः 'राष्ट्रीय' की प्रतिष्ठा हो गई है, परन्तु फिर भी 'राष्ट्रिय' यत्र-तत्र दिखाई दे रहा है। कम-से-कम पुरानी पुस्तकों में तो जमा ही हुआ है और वह अनन्त काल तक भ्रम-सन्देह पैदा करता रहे गा। हिन्दी के महान् सेवक और विद्वान् डॉ. सम्पूर्णानन्द जी की एक महत्त्वपूर्ण पुस्तक का नाम है—'अन्ताराष्ट्रिय विधान'। 'अन्ता' को भी अभी देख लें गे; पहले राष्ट्रिय' से निपट लें।

संस्कृत-व्याकरण में 'राष्ट्रीय' का निषेध नहीं है। भारतीय, देशीय, क्षेत्रीय आदि की ही शृंखला में 'राष्ट्रीय' भी है। परन्तु पाणिनि ने एक सूत्र में 'राष्ट्रिय' शब्द की बनावट बतला दी कि एक शब्द यह भी है। राजा के साले को 'राष्ट्रिय' कहते थे—'राजश्यालस्तु राष्ट्रियः'। इसी का अन्वाख्यान पाणिनि ने किया कि कोई 'राष्ट्रिय' की जगह 'राष्ट्रीय' न कहने लगे। 'विश्वामित्र' एक ऋषि का नाम था। लोग उसे 'शुद्ध' कर के 'विश्वमित्र' न कहने लगें; इसलिए ही पाणिनि को एक सूत्र बनाना पड़ा कि 'मित्र' शब्द से पहले 'विश्व' शब्द हो, तो उसके अन्त्य 'अ' को दीर्घता प्राप्त हो जाती है। यह एक ऋषि का नाम है—'मित्रे चर्षौ'। विश्व + मित्र = 'विश्वामित्र'। पाणिनि ने यह सोचा कि उस ऋषि को लोग विश्व का 'अमित्र' (शत्रु) कहीं न समझ बैठें; इस लिए वह सूत्र बना दिया। परन्तु 'राष्ट्रिय' का अन्वाख्यान करते समय यह कहना छूट गया कि 'राजा के साले का नाम 'राष्ट्रिय' है'। अन्यत्र भी ऐसा हुआ है। 'यवन' शब्द से एक स्त्रीवर्गीय प्रत्यय कर के 'यवनानी' शब्द का अन्वाख्यान पाणिनि ने किया। पर यह कहना छूट गया कि यवनों की लिपि का नाम 'यवनानी' है। कात्यायन ने उसे स्पष्ट कर

दिया—'यवनाल्लिप्याम्'। 'यवन' शब्द से 'यवनानी' बनता है, उन की लिपि के लिए। 'यवनानी में वह ग्रन्थ लिखा गया था'—यवनों की लिपि में। परन्तु 'राष्ट्रिय' शब्द के बारे में यह सब स्पष्ट करना कात्यायन से भी छूट गया। अनन्त शब्द-शृंखला में क्या-क्या स्पष्ट किया जाए! साधारण बातें लोग समझ ही लेते हैं। परन्तु अधिक समझदार लोग झमेला पैदा कर देते हैं—किया भी! 'गुरुकुल कांगड़ी विश्वविद्यालय' में एक नया भवन अभी बन कर तैयार हुआ है। उस के बाहर लिखा है—'राष्ट्रिय भवन'। संस्कृत भाषा की पद्धति पर चल कर इस का अर्थ समझा जाएगा—'राजा के साले का (या सालों का) भवन'! ठीक हुआ? हवा है!

'राष्ट्रीय' विशेषण है और 'राष्ट्रिय' एक संज्ञा है—राजा का साला 'राष्ट्रिय'। संज्ञाओं में कुछ भेद हो जाता है। 'पद्मवती' विशेषण है—'पद्मवती झील'। पद्म जहाँ खूब हों, वह झील—'पद्मवती'। विशेषण है, यह। परन्तु एक शब्द 'पद्मावती' भी है। यह संज्ञा है—नाम है। इसी तरह **'द्वारवती'** विशेषण है और **'द्वारावती'** संज्ञा है। इसी तरह 'राष्ट्रीय' विशेषण है और 'राष्ट्रिय' एक संज्ञा है। यह शायद मालूम न था कि 'राष्ट्रिय' कहते हैं राजा के साले को! इसीलिए उसे विशेषण समझ लिया और फिर आगे वह सब गड़बड़ी मची।

'अन्ताराष्ट्रिय' के एक अंश ('राष्ट्रिय') की जाँच-पड़ताल हो चुकी और पता लग गया कि यह ('राष्ट्रीय') शब्द संस्कृत में एक संज्ञा है; विशेषण नहीं है। विशेषण है—'राष्ट्रीय'।

यह तो हुआ संस्कृत भाषा के अनुसार 'राष्ट्रीय' और 'राष्ट्रिय' का भेद। परन्तु हिन्दी में तो राजा के साले को 'राष्ट्रिय' कहते ही नहीं हैं। कोई चर्चा ही नहीं। शुद्ध तद्धितीय विशेषण

(भेदक) है—'राष्ट्रीय'; संस्कृत में भी और हिन्दी में भी ।

परन्तु, संस्कृत में यदि अन्य शब्दों में 'ईय' होने पर भी, 'राष्ट्र' में 'इय' विशेषण रूप से गृहीत हो जाता; कहीं 'राष्ट्रिया व्यवस्था चेयम्' जैसे प्रयोग किसी (ब्रह्मा) को ढूँढ़े मिल भी जाते और फिर वह उसी बल पर हिन्दी में भी—'राष्ट्रिय व्यवस्था' जैसे रूप चलाना चाहता, तो विफल हो जाता; क्योंकि हिन्दी की पद्धति ही दूसरी है। संस्कृत से अनुप्राणित है हिन्दी; पर संस्कृत नहीं है—हिन्दी है। सीधा मार्ग पसन्द करती है। एक उदाहरण लीजिए। संस्कृत में दो संज्ञाएँ हैं—

'विस्तर' तथा 'विस्तार'

शब्द-सम्बन्धी विस्तार के लिए वहाँ 'विस्तर' का प्रयोग होता है—'अहो शब्द जगतौ **विस्तरः** !' हिन्दी में कहा जाए गा—"ओह ! शब्द-जगत् के **विस्तार** का क्या ठिकाना !" संस्कृत में 'शब्द-**विस्तारः**' गलत हो गा और हिन्दी में 'शब्द-जगत् का **विस्तर**' गलत हो गा।

संस्कृत में कहा जाता है—'**विस्तरेण** सर्वं प्रतिपादितम्'। इस का अनुवाद हिन्दी में हो गा—'सब कुछ **विस्तार** से प्रतिपादित हो चुका है।' हिन्दी में 'विस्तर से' गलत और संस्कृत में 'विस्तारेण' (पतिपादनम्) गलत !

परन्तु संस्कृत में 'विस्तार' शब्द भी है। शब्द-सम्बन्धी विस्तार के ही लिए वहाँ 'विस्तर' है; अन्यत्र (वहाँ भी) 'विस्तार' ही चलता है—

'समुद्रस्य महान् **विस्तारः**'

'नगरस्य **विस्तारः** प्रमोदावहः'

(समुद्र का बहुत बड़ा विस्तार है)

(नगर का विस्तार आनन्द-प्रद है)

यहाँ 'विस्तर' (संस्कृत में भी) न चले गा।

'समुद्रस्य **विस्तरः**' और 'नगरस्य **विस्तरः**' गलत प्रयोग हैं।

यों 'विस्तर' तथा 'विस्तार' दो शब्द संस्कृत में हैं। परन्तु हिन्दी ने केवल 'विस्तार' लिया; 'विस्तर' नहीं। हाँ, एक फैलने-फैलाने की चीज के लिए ('विस्तार' >) 'बिस्तर' शब्द जरूर है। हिन्दी ने विचार, प्रसार, विकार आदि की लाइन में 'विस्तार' रखा। यदि 'विस्तर' एक जगह के लिए रख लेती, तो फिर लोग (विकार, प्रसार आदि की जगह) 'विकर', 'प्रसर' भी लिखने लगते और 'प्रचार' भी 'प्रचर' बन जाता। सब लोग संस्कृत पढ़ कर ही हिन्दी का व्यवहार नहीं करते हैं कि समझ लेते 'विस्तर'-'विस्तार' का भेद। इसी लिए हिन्दी ने 'विस्तर' न ले कर विस्तार लिया। संस्कृत में भी कहीं विशेषण के रूप में 'राष्ट्रिय' शब्द का प्रयोग है नहीं। राजा के साले को ही 'राष्ट्रीय' कहते थे; बस !

यों 'अन्ताराष्ट्रिय' के 'राष्ट्रिय' अंश को देखा। 'अन्ता' क्या चीज है; यह आगे 'सन्धि-समास' प्रकरण में देखिए गा।

'जरूरी काम' सही; —**'ज़रूरी'** गलत

'जरूरी'-'ज़रूरी' वर्तनी-भेद से चल रहे हैं। इनमें से कौन-सा शब्द हिन्दी में सही है ? वर्तनी में यहाँ 'ज' ठीक है; या 'ज़' ? यह प्रश्न यहाँ (विशेषण-प्रकरण में) उठे गा। उत्तर संक्षेप से यह है कि हिन्दी में—'एक जरूरी काम से बाजार जाना है' टकसाली प्रयोग है और ज़रूरी, ज़रूरत, बाज़ार, कागज़ आदि (हिन्दी में) गलत हैं। यदि उर्दू-फारसी भाषाएँ नागरी लिपि में लिखी जाएँ, तब जरूर 'ज़रूरी' आदि ठीक हों गे। हिन्दी में 'लालटेन' शुद्ध है; 'लैनटर्न' गलत।

यदि अंग्रेजी भाषा नागरी में लिखी जाए, तो 'लैनटर्न' ठीक—'ब्रिंग माइ लैनटर्न'। 'ब्रिंग माई लालटेन' गलत होगा।

यह संक्षेप हुआ। आगे एक प्रकरण आए गा—'विदेशी भाषाओं से शब्द-ग्रहण'। वहीं सब विस्तार से यह विषय समझाया जाए गा।

'**एकत्रित** जनता' और '**एकत्र** जनता'

हिन्दी का एक विशेषण अपना है—'इकट्ठा'। प्रयोग होते हैं—'इकट्ठे सौ चोर आ गए', 'वहाँ हजारों लोग इकट्ठे हो गए', 'और फिर सभी बहनें इकट्ठी होकर गीत गाने लगीं।'

इसी अर्थ में संस्कृत का 'समवेत' विशेषण चलता है; कुछ गम्भीर भाषा में—"सब गुण समवेत अवस्था में तभी उचित काम करते हैं, जब पूर्ण सामंजस्य हो।"

तीसरा एक शब्द हिन्दी ने अपना नया गढ़ा, जो बहुत प्राचीन काल से चल रहा है—'**एकत्रित**'। "वहाँ बात-की-बात में सैकड़ों लोग **एकत्रित** हो गए और फिर एक हल्ला बोल दिया सब ने।"

कुछ संस्कृत सूँघ कर 'विद्वान्' बनने वालों ने छपवा दिया—"हिन्दी में 'एकत्रित' विशेषण गलत चल रहा है। संस्कृत-व्याकरण से 'एकत्रित' नहीं बनता। 'एकत्र' लिखना चाहिए।"

अब विशेषण के रूप में 'एकत्र' (हिन्दी में) चलने लगा! 'विद्वान्' लेखक लिखने लगे—"एकत्र छात्रों ने उपकुलपति के आवास की ओर कूच किया।"

'एकत्र छात्रों ने'। अर्थ है—'एकत्रित छात्रों ने'। 'एकत्रित'—इकट्ठे। 'एकत्र' का अर्थ है—'एक जगह', 'एक स्थान पर'। यानी 'एकत्र' विशेषण नहीं; अधिकरण-प्रधान अव्यय है। संस्कृत में आज

तक कभी किसी ने 'एकत्र' शब्द का विशेषण के रूप में कहीं भी प्रयोग नहीं किया है। जब वह विशेषण है ही नहीं, तब उस रूप में प्रयोग कौन करे गा? संस्कृत में 'समवेत' जैसे शब्दों का प्रयोग उस तरह के विशेषणों के रूप में होता है। तत्र, अत्र, आदि भी अधिकरण-प्रधान अव्यय हैं। इन में 'त्य' जोड़कर तद्धितीय विशेषण 'तत्रत्य', 'अत्रत्य' जैसे बनते चलते हैं; संस्कृत में—'तत्रत्याः पुरुषाः' —वहाँ के आदमी। 'अत्रत्याः पुरुषाः'—यहाँ के आदमी। 'कुत्रत्याः पुरुषाः?' —कहाँ के आदमी? परन्तु 'एकत्र' से बना 'एकत्रत्यः' विशेषण कहीं देखने-सुनने में नहीं आया। बहुत बड़ा बेढंगा रूप हो जाता है—'एकतत्रत्यः'-'एकत्रत्याः'। इसी लिए 'समवेत' जैसे शब्द चलते हैं। बनता-चलता भी, तो अर्थ होता—'एक जगह के लोग।'

यदि 'एकत्र' विशेषण का भी काम देता, तो फिर 'तत्र' आदि भी विशेषण का काम कर देते। तब फिर 'तत्रत्य' आदि बनाने की झंझट क्यों करनी पड़ती? पर ऐसा तो है नहीं। 'तत्र'—'वहाँ' और 'तत्रत्याः'—'वहाँ के'। 'तत्रत्या व्यवस्था'—वहाँ की व्यवस्था।

संस्कृत-व्याकरण से 'एकत्रित' बनाने में रोक है, तो हम उस रोक को हटाते कहाँ हैं? हम कब कहते हैं कि 'एकत्रित' संस्कृत-व्याकरण के अनुसार ठीक है? हम कहते हैं कि हिन्दी ने यह शब्द बनाया है और यह हिन्दी का 'अपना' टकसाली सिक्का है—मजे से चलता आया है; चल रहा है और चलता रहे गा। और 'एकत्र' शब्द (संस्कृत में भी) विशेषण के रूप में न कभी चला, न चले गा। हिन्दी में चाहे जो कुछ दिनों के लिए 'विद्वान्' बन कर ऊधम मचा ले! छापाखाना सब-कुछ छाप देता है। लोग धोखे में पड़ जाते हैं। गड़बड़ी मचती है। हिन्दी का रूप भ्रष्ट होता है। आगे सब ठीक हो जाए गा। बरसात के ये दिन हैं।

'एकत्र' शब्द संस्कृत का हिन्दी ने लिया और तद्धितीय 'इत' प्रत्यय भी वहीं का लिया। फिर दोनों को जोड़ कर 'अपना' विशेषण बना लिया—'एकत्रित'। संस्कृत में गलत हो, हिन्दी का तो अपनी टकसाल का खरा सिक्का है। जो लोग इसे गलत कहते हैं, उनसे पूछना चाहिए कि हिन्दी में 'दीनानाथ' चलता है कि नहीं? संस्कृत-व्याकरण से तो यह गलत है। वहाँ तो 'दीननाथ' बने गा! तो आप 'दीनानाथ' को भी धक्का दे दें गे?

संस्कृत-व्याकरण से तो 'सतोगुण' भी गलत है। पर हिन्दी में —'सतोगुण, रजोगुण और तमोगुण' बराबर चलते हैं न? क्या 'सतोगुण' को भी धक्का दे दो गे?

संस्कृत-व्याकरण से तो 'आवागमन' भी नहीं बनता। हिन्दी की यह अपनी गढ़ी हुई एक संज्ञा है। तो, क्या आप 'आवागमन' का भी बहिष्कार करके हमें और कुछ बना दें गे?

भाई, हिन्दी एक स्वतन्त्र भाषा है। स्वतन्त्र इस की गतिविधि है—

लड़की ने लड़की को **बुलाया**
लड़कों ने भाई को **बुलाया**
माँ ने बेटियों को **बुलाया**
हम ने तुम को **बुलाया**
तुम ने हम को **बुलाया**

सर्वत्र 'बुलाया'! सकर्मक क्रिया के (कर्म की उपस्थिति में) ऐसे प्रयोग संस्कृत में भी होते हैं क्या?

हमारे यहाँ चार गौएँ हैं
राम के यहाँ चार घोड़े हैं
तुम्हारे यहाँ क्या है?

यों 'यहाँ' अव्यय के जैसे प्रयोग होते हैं, वैसे संस्कृत में भी 'अत्र' लग कर होते हैं क्या? 'रामस्य अत्र चत्वारः अश्वाः सन्ति' का अर्थ हो गा—'राम के चार घोड़े यहाँ (हमारे यहाँ) हैं'। **'राम के यहाँ** हम ठहरे थे' इस का अनुवाद —**'रामस्य अत्र** वयं प्रावसम्' कर सकते हैं क्या?

तब फिर संस्कृत-व्याकरण से जो न बनता हो; पर हिन्दी में चलता हो, उसे आप गलत कह कर भ्रम क्यों फैलाएँ! फिर गलत शब्द का चलन करना! 'एकत्र' अव्यय को विशेषण के रूप में चलाना! हद हो गई!

सारांश यह कि विशेषण के रूप में हिन्दी ने 'एकत्रित' शब्द गढ़ा है, जो बहुत ठीक है; शुद्ध है। और 'एकत्र' शब्द का (विशेषण के रूप में) प्रयोग एकदम गलत है।

'राजनैतिक' और 'राजनीतिक'

न जाने कब से हिन्दी में 'राजनैतिक' शब्द विशेषण के रूप में चलता आ रहा है। 'राजनैतिक गतिविधि कुछ विचित्र है।' परन्तु संस्कृत सूँघने वाले विद्वानों ने इसे भी गलत बतला कर कहा कि संस्कृत-व्याकरण से 'राजनीतिक' बनता है; इस लिए 'राजनीतिक' शब्द का प्रयोग हिन्दी में होना चाहिए।

ये सब आफतें काशी से आईं, जिन्हें बड़ी कठिनाई से दूर किया गया।

जैसे 'राष्ट्रिय' का साथ देने के लिए ('प्रान्तीय' और 'केन्द्रीय' जैसे विशेषण भी) 'प्रान्तिय'-'केन्द्रिय' आदि बन कर चलने लगे थे, उसी तरह 'राजनीतिक' का भी साथ दिया जाने लगा था। 'नैतिक' का रूप 'नीतिक' चलने लगा था—'नीतिक पतन'। 'भौतिक' भी

'भूतिक' हो चला था। इस तरह के प्रयोगों का समर्थन भी एक बहुत बड़े विद्वान् ने कर दिया। आदरणीय पं. वेंकटेशनारायण तिवारी (द्विवेदी-युग के) प्रमुख हिन्दी-लेखकों में थे। उन्हों ने 'सरस्वती' में एक लेख छपा कर कहा कि 'नैतिक', 'भौतिक', 'दैहिक' जैसे शब्द संस्कृत-पद्धति पर बने हैं, जो हिन्दी पर न मढ़े जाने चाहिए और लिखना चाहिए—'नीतिक पतन', 'भूतिक उन्नति', 'देहिक रोग' आदि ! बड़ा प्रबल समर्थन था। समर्थन तो प्रबल न था; पर प्रबल व्यक्ति के द्वारा हुआ था। 'सरस्वती' में ही उस लेख का प्रबल प्रत्याख्यान मैंने छपाया और तब तिवारी जी का वह समर्थन एक मजाक बन गया। परन्तु तो भी, अभी तक 'राजनीतिक' दिखाई पड़ रहा है; यद्यपि 'नीतिक', 'भूतिक' आदि जहाँ-के-तहाँ रह गए।

पहले ही कहा गया है कि हिन्दी शब्दों की एक शृङ्खला बनाती है—एक जैसे मनकों की माला पसन्द करती है। संस्कृत में 'नीति' का विशेषण 'नैतिक' बनता है; पर 'राजनीति' का 'राजनीतिक'। उस का वहाँ कारण हो गा। परन्तु हिन्दी में वह कारण नहीं है। इस लिए यहाँ 'राजनैतिक' शुद्ध है; सही है। भाषा सदा-सर्वदा व्याकरण का अनुशासन नहीं मानती। यदि कोई व्याकरण भाषा की प्रकृति के विरुद्ध है, तो वह धरा-का-धरा रह जाए गा। संस्कृत के एक वैयाकरण ने 'पुंसु' का वैकल्पिक रूप 'पुंक्षु' भी लिख दिया; सो लिखा ही रह गया। आज तक कभी किसी ने 'पुंक्षु' का प्रयोग नहीं किया। पाणिनि-व्याकरण के नियमानुसार 'विश्रम' बनता है; 'विश्राम' नहीं। परन्तु संस्कृत भाषा में 'विश्राम' बराबर चल रहा है; जैसे 'विकार', 'प्रमाण' आदि, उसी तरह 'विश्राम'।

और, अन्य किसी भाषा के व्याकरण का पूर्ण अनुसरण तो

कोई भी भाषा कर ही नहीं सकती। अपने काम की चीजें ले कर अपनी पद्धति पर सभी भाषाएँ उन्हें काम में लाती हैं। हिन्दी (संस्कृत-व्याकरण में बँध कर) एक ऐसा शब्द ले ले, जो अपने वर्ग के अन्य शब्दों से भिन्न रँग-ढँग रखता हो, तो अपना रूप ही विकृत कर ले गी ! इसी लिए '**विस्तरेण** लिखितम्' का '**विस्तार** से लिखा' अनुवाद होता है। '**विस्तर** से लिखा' मजाक है। यही स्थिति 'राजनैतिक' और 'राजनीतिक' की है। संस्कृत के—'**राजनीतिक-जनानां** कथनम्' का अनुवाद हिन्दी में होगा—'**राजनैतिक** जनों का कहना'।

सो, हिन्दी में 'राजनैतिक' शुद्ध है। अन्य शब्द संस्कृत में तद्रूप भी चलते हैं; पर 'राजनीतिक' आदि न चलें गे; क्योंकि भ्रम पैदा करें गे।

'**छह**' शुद्ध है; '**छः**' गलत है

संख्यावाचक शब्द 'छह' शुद्ध है। 'छः' की वर्तनी गलत है।

हिन्दी के 'अपने' शब्दों में विसर्गों का प्रयोग नहीं होता; वर्तनी में सर्वत्र 'ह' दिखाई देता है—

ग्यारह, बारह, तेरह, चौदह, पन्द्रह, सोलह। कोई ग्यारः, बारः, तेरः, चौदः, पन्द्रः, सोलः; जैसी वर्तनी में इन संख्या-वाचक शब्दों का विन्यास नहीं करता।

फारसी आदि के शब्दों में भी विसर्गों का व्यवहार गलत है। नागरी लिपि में उर्दू लिखनी हो, तो 'तर्जुमः', 'बेहूदः', 'ज्यादः' जैसी वर्तनी गलत हो गी; लिखना हो गा—'तर्जुमह', 'बेहूदह', 'ज्यादह' आदि। विसर्ग केवल संस्कृत भाषा की चीज है। हिन्दी में संस्कृत (तद्रूप) शब्द 'पुनः' आदि में ही विसर्ग चलें गे; और विसर्ग ही चलें

गे। कोई 'पुनः' की जगह 'पुनह' नहीं लिख सकता। भूल से कभी-कभी किसी ने **'भामह'** का विन्यास **'भामः'** भी कर दिया है। 'ह' की जगह विसर्ग ! हिन्दी के एक अलंकारशास्त्री प्राध्यापक ने अपने एक अलंकार-ग्रन्थ की भूमिका में **'भामह'** को बार-बार **'भामः'** लिखा है। 'यत्तु भामहेन प्रोक्तम्' आदि प्रयोग सुने-देखे नहीं; या फिर विसर्ग-प्रेम उमड़ पड़ा। कुछ इसी तरह की बात 'छह' का रूप 'छः' चलने-चलाने में है। विद्वानों का अनुसरण लोग करने लगते हैं। 'प्रदेशिय' और 'नीतिक' भी चल जाते, यदि रोक-थाम न होती। यदि 'भूतिक' जैसे रूप चल पड़ते, तो तुलसीदास के 'दैहिक दैविक भौतिक तापा' का अर्थ समझाना पड़ता और लिखना पड़ता कि 'तुलसीदास ने 'दैहिक' आदि भाषा में ठीक नहीं लिखे'। आज 'छः' की जगह 'छह' की पुनः प्रतिष्ठा के लिए कितना उद्योग करना पड़ रहा है ! 'छः' तो प्राकृत-अपभ्रंश में भी नहीं है। हिन्दी में विसर्ग-प्रेमियों ने चला दिया; या भूल से चल पड़ा। परन्तु 'ग्यारह' आदि बचे रहे और इन्हीं को देखकर मेरा ध्यान 'छः' पर गया कि यहाँ विसर्ग कैसे ! अब तो 'छह' चलने लगा है; पर 'छः' भी कहीं-कहीं जमा हुआ है। हट जाएगा। दूसरे के घर में कोई सदा नहीं घुसा रह सकता।

यहाँ यह पूछा जा सकता है कि आप ने संस्कृत (तद्रूप) शब्दों में विसर्गों का समर्थन 'पुनः' आदि में किया है; तब 'छन्दः श्रुतम्' का अनुवाद हिन्दी में 'छन्दः सुना' ठीक हो गा क्या? उत्तर है नहीं। 'छन्द सुना' हिन्दी में हो गा; 'छन्दः सुना' गलत हो गा। हम ने कहा है कि 'पुनः' जैसे तद्रूप (अव्यय) ही हिन्दी में सविसर्ग गृहीत हैं; यानी प्रातिपदिकों में विसर्ग हिन्दी नहीं रखती; धातुओं में भी नहीं रखती और क्रियाओं में भी नहीं रखती। संस्कृत में 'छन्दश्श्रुतम्' भी चलता है; पर हिन्दी में यह 'छन्दश्' भी न चले गा और स्वरान्त

कर के 'छन्दश' भी न चले गा; क्योंकि 'श्' विसर्गों की ही जगह आया है। हाँ, 'धनुष्' को स्वरान्त कर लिया है हिन्दी ने— 'धनुषवाण लेकर वह आया'। परन्तु संस्कृत पयस्, नभस् आदि प्रातिपदिकों को स्वरान्त कर के ग्रहण नहीं किया; अन्त्य व्यंजन ('स्') हटा कर 'अपने' स्वरान्त प्रातिपदिक बना लिए हैं—'पय', 'नभ'। 'पय पियत', 'नभ की नीलिमा' आदि। न 'पयः पियत' और न 'नभः की नीलिमा'। इसी तरह संस्कृत प्रातिपदिक 'छन्दस्' का 'स्' हटा कर 'छन्द' अकारान्त हिन्दी ने अपना प्रातिपदिक बनाया है। ये सब बातें आगे एक अलग अध्याय में विस्तार से बताई जाएँगी कि संस्कृत से तथा फारसी-अंग्रेजी आदि (विदेशी) भाषाओं से शब्द ग्रहण करने की क्या व्यवस्था हिन्दी में है। यहाँ इतना समझ लेना चाहिए कि हिन्दी अपने प्रातिपदिक तथा धातु आदि सदा स्वरान्त रखती है; व्यंजनान्त ('हलन्त') नहीं।

'**छह**' शब्द की व्युत्पत्ति

संस्कृत में 'छह' के लिए 'षट्' पद है—'षट् शास्त्राणि'— छह शास्त्र। इस 'षट्' पद का मूल रूप (प्रतिपदिक) है—'षष्'। अन्त्य 'ष्' का रूपान्तर 'ड्' और 'ट्' हैं—'षड्', 'षट्'। हिन्दी में 'षट्' सब जानते हैं और 'षडानन' आदि सामासिक शब्दों में 'षड्' भी देखते हैं। परन्तु हिन्दी-वाक्य में न 'षट्' चले गा; न 'षड्' चले गा। 'शास्त्र छह हैं' की जगह 'शास्त्र षट् हैं' या 'षड्' हैं; कभी भी न हो गा। यहाँ तक कि 'दश' भी नहीं चलता; 'दस' (अपना सिक्का) चलता है। 'दसो दिशाएँ' हो गा; 'दशो दिशाएँ' नहीं। 'दिशा' तद्रूप संस्कृत शब्द चलता है; पर संख्या-वाचक तद्रूप 'दश' नहीं। 'तभी दशानन बोला' आदि में सामासिक शब्द 'दशानन'

जरूर ठीक है; चलते हैं ऐसे शब्द। परन्तु पृथक् 'दस' ही चले गा। "एक क्या, **दस दशानन** भी अंगद का कुछ न बिगाड़ सकते थे।" परन्तु हिन्दी-संघ की अन्य भाषाएँ 'दसासन' चलाती हैं।

सो, हिन्दी ने 'षष्' प्रातिपदिक को 'सस्' कर लिया। स्वरान्त कर के—'सस' रूप। परन्तु 'सस' और 'ससा' यहाँ खरगोश को कहते हैं; शायद मराठी में भी ऐसा हो; क्योंकि वहाँ 'सस' के अन्त्य 'स' को 'ह' कर के 'सहा' शब्द गृहीत है—'सहा शास्त्र'—छह शास्त्र। हिन्दी ने भी अन्त्य 'स' को 'ह' कर लिया और फिर आद्य 'स' को 'छ' कर लिया—बन गया—'छह'; अपना संख्या-वाचक विशेषण।

छ, छै, छौ आदि

राष्ट्रभाषा में तो निश्चयात्मक 'छह' शब्द है, जिसे (उच्चारण-साम्य से) लोग 'छः' गलत लिखने लगे थे।

परन्तु हिन्दी-संघ की अन्य भाषाओं में 'छह' का अस्तित्व नहीं। वहाँ **'छ', 'छै', 'छौ'** जैसे रूप चलते हैं।

इन की व्युत्पत्ति यों है—

संस्कृत प्रातिपदिक 'षष्' के अन्त्य व्यंजन का लोप कर के शेष 'स' को 'छ' कर लिया—'छ आम'। उच्चारण-सौकर्य के लिए 'छ' को 'छै' और फिर कहीं 'छौ'। स्वर बदलते रहते हैं। भगिनी > बहिनी > 'बहन'। इवर्ण की जगह 'अ' आ गया है। सहारनपुर जिले का क्षेत्र 'कुरुजनपद' में पड़ता है, जहाँ **'मैं बताऊँ'** की जगह **'मैं बुताऊँ'** बोलते हैं; यद्यपि 'मैं बचाऊँ' को 'मैं बुचाऊँ' नहीं करते।

सामासिक 'छमाही' हिन्दी का शब्द है, जो 'छह' से ही बना है। जहाँ 'छ' चलता है, वहाँ तो सीधा ही है—'छमाही'। हिन्दी में

'माह' के साथ समास में 'छह' का 'छ' रह जाता है; 'ह' का लोप हो जाता है। 'तिमाही' में 'तीन' के 'न' का लोप हुआ और स्वर भी ह्रस्व हो गया—'ति'। 'मास' का 'माह' रूप समास में। 'स' का 'ह' रूपान्तर। 'दस' के 'स' को भी कहीं 'ह' हो जाता है—दहला, दहाई। इसी तरह 'मास' का रूप 'माह'। स्वतंत्र रूप से 'मास' ही चलता है; जैसे कि 'दस'। उर्दू में 'माह' चलता है—'माह जून'। 'माह' में 'ईन' लगाकर 'महीना' हिन्दी में भी है।

'नये-नए' और 'नयी-नई'

यों इस शब्द के बहुवचन में द्विधा वर्तनी चलती है। 'नूतन' का पर्याय संस्कृत में 'नव' है। इस में पुंप्रत्यय लग कर 'नवा' रूप पूरब में चलता है; पर हिन्दी ने 'व' की जगह 'य' कर लिया है—'नया रूप'। बहुवचन में 'नये छात्र'। स्त्रीवर्ग में 'नयी समस्या'।

परन्तु 'य्' का वैकल्पिक लोप हो कर—

'नए छात्र', 'नई समस्या' रूप।

ये दोनों तरह के विन्यास ठीक हैं। परन्तु एकरूपता अपेक्षित हो, तो **'नए'-'नई'** रूप ही रहें गे; क्योंकि अवधी आदि में 'नवा' का स्त्रीवर्गीय रूप 'नवी' नहीं चलता; 'नई' चलता है। कहीं 'नवी' चलता भी हो, पर 'नई' अधिक ग्राह्य है।

परन्तु यह लोप-व्यवस्था हिन्दी विशेषणों के ही लिए है; संज्ञा-शब्दों के लिए नहीं। 'गाय' का बहुवचन 'गायें' हो गा; 'गाएँ' नहीं। उर्दूवाले भी 'नई गायें' लिखते हैं—विशेषण में 'य्' का लोप और संज्ञा में उस का प्रयोग। संज्ञा में लोप होने से अर्थ-भ्रम हो सकता है। सो, क्रियाओं में तथा विशेषणों में ही 'य्'-लोप की

व्यवस्था है।

'अनेक' और 'अनेकों'

कुछ लोगों ने भ्रम फैलाया है कि 'अनेकों' गलत है; क्योंकि 'अनेक' शब्द तो स्वयं ही बहुत्व का वाचक है। तब फिर उस में बहुत्व-बोधक 'ओं' लगाने की क्या जरूरत? सीधा-सा उत्तर तो यह है कि 'दवा' शब्द स्वतः स्त्रीवर्गीय है, तब फिर उस में स्त्रीप्रत्यय 'ई' लगाकर 'दवाई' बनाना जैसे गलती नहीं है; उसी तरह 'अनेक' में 'ओं' लगा कर 'अनेकों' बनाना भी गलती नहीं है। ऐसे प्रयोग होते हैं। संस्कृत के बहुवचन-पदों के विसर्ग हटा कर जनभाषाओं ने अपने प्रातिपदिक बनाए हैं। 'गौः' एकवचन के विसर्ग हटा कर 'गौ' हिन्दी का अपना प्रातिपदिक और बहुवचन 'गावः' के विसर्ग हटा कर 'गाव' भी कहीं प्रातिपदिक। फारसी में 'गाव' और अंग्रेजी में 'काव' चलता है। हिन्दी ने 'व' को 'य' कर लिया—'गाय'। परन्तु पतञ्जलि के समय में 'गाव' इस देश में भी चलता था और इस (स्त्रीवर्गीय) शब्द में स्त्री-प्रत्यय 'ई' लगा कर 'गावी' भी चलता था। 'महाभाष्य' में लिखा है कि 'गावी' प्रयोग साधारण जन करते हैं। सो, जैसे 'दवा' का 'दवाई' और 'गाव' का 'गावी', उस तरह 'अनेक' का रूप 'अनेकों' सही है।

यह तो हुआ सीधा-सा उत्तर। परन्तु इसे विशेष समझाना भी चाहिए।

हिन्दी के दो प्रत्यय—'ओं' और 'क'

हिन्दी के दो तद्धितीय प्रत्यय हैं—'ओं' तथा 'क'। 'ओं' का प्रयोग 'कुछ आधिक्य' सूचित करता है। 'बीसों लोग जमा थे'

'पचासों लोग इकट्ठे हो गए' इत्यादि। गिनती कर ली हो, तो 'बीस'। गिनती न की हो; पर बीस से कुछ अधिक ही बतलाने हों, तो 'बीसो'। 'बीसों' का मतलब हो गा 'बीस से कुछ अधिक ही'। 'बीसों का सिर काट लिया' में यह 'ओं' प्रत्यय नहीं है; समष्टि-बोधक 'ओ' प्रत्यय है। यदि बीस से 'कुछ कम' कहना हो, तो 'बीसक'। 'बीसक छात्र कक्षा में थे।' इसी तरह 'पचासों' और 'पचासक'। सैकड़ों, हजारों और करोड़ों का भी प्रयोग इसी तरह होता है; पर 'सैकड़ाक', 'करोड़क' नहीं होता। 'हजारक' तो चलता है—'सभा में हजारक उपस्थिति थी।' 'हजारक'—लगभग एक हजार। 'हजारक' को 'बहुत बुद्धिमान' लोग 'हजार-एक' लिखते हैं। वे समझते हैं कि 'एक' का ही 'क' गलत लोग बोलते हैं! परन्तु 'हजार-एक' का तो अर्थ हो गा—'एक हजार'! तब बोलना चाहिए—'एक हजार'; 'हजार-एक' या 'हजारेक' नहीं। संस्कृत में 'क' प्रत्यय अल्पार्थक है—'हरिणः'—हिरन और 'हरिणकः'—छोटा-सा हिरन। हिन्दी में भी यह है। ढोल का छोटा रूप 'ढोलक'। साथ ही हिन्दी इसे न्यूनार्थक रूप में भी लेती है—'पचासक जन'। संस्कृत में 'क' का प्रयोग 'स्वार्थ' में भी होता है; ज्यों-का-ज्यों अर्थ रहता है—'बालः' और 'बालकः'। इसी तरह 'मृत्ति' का 'मृत्तिका' रूप। 'मृत्तिका' ही अधिक चलता है। हिन्दी ने 'मृत्ति' ही देखा और उस से 'मिट्टी' अपना शब्द बना लिया। संस्कृत की ही तरह हिन्दी-संघ की अन्य भाषाओं में भी 'क' होता है—'एहि घाट ते थोरिक दूरि अहै'—इस घाट से थोड़ी ही दूर है। 'थोड़ी दूर है' कहने से वह मतलब न निकलता, जो 'थोड़ी ही दूर' कहने से।

इसी तरह 'अनेक' से वह मतलब नहीं निकलता, जो 'अनेकों'

से। 'अनेक' का अर्थ है—'एक से अधिक'। एक से अधिक 'दो'। यदि कहीं कोई लिख दे कि 'इसके बदले में तुम्हें मैं अनेक कमरे दे दूँ गा' तो अदालत दो ही कमरे देने-दिलाने का निर्णय दे गी। 'मीमांसा' के 'कपिञ्जलाधिकरण' में ऐसे ही एक प्रयोग पर विचार हुआ है। 'कपिञ्जलान् आलभेत' —कपिञ्जलों का आलम्भन करे। यहाँ 'कपिञ्जलान्' बहुवचन है। इस से यह तो स्पष्ट है कि 'दो से अधिक'; क्योंकि 'दो' के लिए संस्कृत में 'द्विवचन' की विभक्ति लगती है। 'दो' से आगे 'बहुवचन'। परन्तु दो से आगे 'तीन' है और उस से फिर आगे तो चार, पाँच, सौ, हजार, लाख, करोड़, अनन्त संख्या है। तब 'कपिञ्जलान्' इस बहुवचन से कितनी संख्या समझी जाए? इस पर वहाँ निर्णय हुआ है कि केवल 'तीन'। अधिक संख्या अपेक्षित हो; निश्चित अधिक संख्या अपेक्षित हो, तो विशेष संख्या-वाचक शब्द देना चाहिए।

इसी तरह 'अनेक' का तर्क-संगत अर्थ 'दो' ही हो गा। परन्तु सामीप्य-लक्षणा के बल पर चार, पाँच, छह तक दौड़ लग सकती है। क्योंकि 'दो' संख्या ही अभिप्रेत हो, तो 'अनेक' कोई कहे गा क्यों? सीधे 'दो' कहे गा—'दो बगीचे देखे'। चार-छह बगीचे देखे हों, तो कहे गा—'अनेक बाग-बगीचे देखे'। और अधिक संख्या बतलानी हो, तो 'अनेकों बाग-बगीचे मैंने देखे'।

संस्कृत में 'शः' तद्धितीय प्रत्यय ऐसी जगह आता है— अनेकशः, शतशः, सहस्रशः आदि।

बीसों, पचासों आदि में जो प्रत्यय है, वही प्रकृति और प्रत्यय के बीच में आने पर 'विकरण' कहलाता है—'लड़कों को स्कूल जाना है।' यहाँ 'लड़का' और 'को' के बीच में 'ओं' 'विकरण' है; आधिक्य-बोधनार्थ; बहुत्व प्रकट करने के लिए। यही 'ओं' अन्यत्र

'प्रत्यय' कहलाता है।

'क' तो संस्कृत में भी है; वहीं से हिन्दी में आ गया; परन्तु इस 'ओं' का विकास कहाँ से है? 'ओम्' में तीन वर्ण हैं और संस्कृत में तीन' से ही बहुत्व चलता है। 'म्' को जनभाषाएँ अनुस्वार कर ही लेती हैं। सो, हो सकता है कि 'ओम्' को ही हिन्दी ने 'ओं' बना लिया हो। यह एक अटकल है।

एक और जगह भी ध्यान जाता है। संस्कृत में 'आम्' विभक्ति बहुत्व में आती है—'सरितः'—नदी का और 'सरिताम्'—नदियों का। सम्भव है, यही 'आम्' जनभाषाओं में 'आँ' बन गया हो—'मुंडे दा काम'—लड़के का काम और **'मुंडाँ दा** काम'—लड़कों का काम। 'कुड़ी दा काम'—लड़की का काम और 'कुड़िआँ दा काम'—लड़कियों का काम। पंजाबी वर्तनी में 'कुड़िआँ' ही चलता, हिन्दी की तरह 'इय्' होकर 'कुड़ियाँ' नहीं होता। राजस्थानी में भी 'आँ' का प्रयोग होता है। हो सकता है, वही (आँ) हिन्दी में 'ओं' हो कर विकरण (तथा प्रत्यय) के रूप में चल पड़ा हो। पर हम यहाँ इस झंझट में क्यों पड़ें? यह सब बताना निरुक्त (भाषाविज्ञान) का काम है।

सीधी बात यह कि—

'अनेक' तथा 'अनेकों' दोनों ठीक हैं। यथास्थान इन दोनों का प्रयोग होता है। पर हमारे इस 'दोनों' में वह 'ओं' नहीं है; यह 'ओ' निरनुनासिक है—चारो, छहो आदि इसी 'ओ' से हैं।

4

कुछ तद्धितीय शब्द

ऊँचा—**'उँचाई'** और **'ऊँचाई'**

प्रयोग होते हैं—**उँचाई**-निचाई, **छुटाई**-बड़ाई, **मिठास**-खटास आदि।

यानी, तद्धितीय प्रयोगों में प्रकृति का प्रथम दीर्घ स्वर ह्रस्व हो जाता है। 'ऊँचा' से 'उँचाई' और 'नीचा' से 'निचाई'। परन्तु लोग कुछ प्रयोग यों भी करते हैं—

'ऊँचाई सात फीट होगी'

'फीट' पर तो पहले ही फटकार पड़ चुकी है। यहाँ केवल 'ऊँचाई' से मतलब है। ऐसे प्रयोग हमने अच्छे-अच्छे लेखकों के देखे हैं। नित्य सामने आते हैं; जैसे कि नित्य भ्रष्टाचार की बातें सामने आती हैं। इन्हें उखाड़ना है। परन्तु लोग अपनी समझ से शायद अच्छा प्रयोग समझ कर 'ऊँचाई' लिखते हैं! यदि ऐसा है, तो फिर वे 'निचाई' क्यों लिखते हैं? **'ऊँचाई-नीचाई'** लिखना चाहिए न! और फिर 'मिठास' को 'मीठास' लिखना हो गा; 'मिठाई' को 'मीठाई' बनाना हो गा और 'छुपटन' को 'छोटपन' करना हो गा। केवल 'ऊँचाई' लिखने से तो लोग गलत समझेंगे।

और गलत तो वह है ही; क्यों कि **'मीठास'** और **'मीठाई'** कौन बोले गा? कौन लिखे गा? मक्खन को दूध कोई कैसे बनाए? बनाने से लाभ भी क्या? लाभ भी हो, तो बने कैसे?

सो, शुद्धाशुद्ध का ध्यान रखने के लिए सचेष्ट रहिए—

शुद्ध	अशुद्ध
1—दुपहर	1—दोपहर
2—दुपहरी	2—दोपहरी
3—इकमुश्त	3—एकमुश्त
4—इकतरफा	4—एकतरफा
5—इकतारा	5—एकतारा
6—इकलौता	6—एकलौता
7—इकबारगी	7—एकबारगी
8—उपरला	8—ऊपरला
9—निचला	9—नीचला
10—पिछला	10—पीछला
11—पिछड़ा वर्ग	11—पीछड़ा वर्ग आदि।

'पिछला' एक अर्थ में 'पिछड़ा' दूसरे अर्थ में—'ल' को 'ड़'।

'इक्का' और **'एका'** दो भिन्न-भिन्न शब्द हैं। यानी 'एका' एक ऐसा तद्धितीय शब्द है, जिस का 'ए' छोटा नहीं होता—'इ' नहीं बनता। 'एका' तो सब को बड़ा बनाता है; तब उसी का कोई अंश छोटा कैसे हो?

एक घोड़ा जिस छोटी-सी सवारी में लगा हो, वह 'इक्का'। 'एका' अलग है। मेल-मिलाप के अर्थ में 'एक' शब्द से 'अ' तद्धितीय प्रत्यय और 'सवर्ण दीर्घ-एकादेश' हो कर—'एका'—

एकता। दुक्की को तिक्की मारती है; नहले को दहला और सब को बादशाह। उस बादशाह को 'एका' मार देता है, जिसे लोग भूल से 'इक्का' कहने लगे। सो, 'एका' का 'ए' ह्रस्व नहीं होता। 'इक्का' को पूरब में 'एक्का' बोलते हैं। यहाँ भी 'ए' ह्रस्व उच्चरित होता है; पर अर्द्ध-ह्रस्व। चेहरा, मेहरा, सेहरा, खेतिहर आदि के 'ए' का जैसा उच्चारण है, वैसा ही 'एक्का' का 'ए' पूरब में उच्चरित होता है; अवधी आदि में। हिन्दी में 'ए' को 'इ' तथा 'ओ' को 'उ' हो जाता है—यानी, पूर्ण ह्रस्वता। सम्भव है, कभी संस्कृत भाषा का भी कोई प्रादेशिक उच्चारण अर्द्ध-ह्रस्व होता हो और तभी (सार्वदेशिक उच्चारण तथा लेखन की) व्यवस्था पाणिनि को करनी पड़ी हो। एक सूत्र है पाणिनि का—

'एच इग् ह्रस्वादेशे'

इस का अर्थ है कि 'ए' को ह्रस्व हो, तो पूर्ण हो—'इ'। और 'ओ' को ह्रस्व रूप देना हो, तो भी पूर्ण ह्रस्व—'उ'।

संस्कृत में यही व्यवस्था सार्वभौम है। कहीं का उच्चारण चाहे जैसा हो, लिखने में—वर्तनी में—पाणिनि-व्यवस्था ही चलती है। हिन्दी में स्वतः व्यवस्था है। सर्वत्र हिन्दी में 'इक्के पर' लोग इधर से उधर घूमते हैं और 'एका' ज्यों का त्यों बनाए रखते हैं।

'एशियाई' और 'एशियायी'

इस प्रकार दो वर्तनियों में यह तद्धितीय (विशेषण) चल रहा है। इसी तरह 'हिन्दू**सभाई**' और 'हिन्दू**सभायी**' भी देखे जाते हैं। 'भाषाई' और 'भाषायी' भी।

इन में से 'एशियाई'-'हिन्दूसभाई' वर्तनी वाले रूप शुद्ध हैं। इन में बाहरी कर्कट (य्) का मेल नहीं हुआ है। 'एशियायी' आदि

रूप गलत हैं। 'एशियाई' में 'य्' उसी तरह आमंत्रित कर के विकार पैदा कर दिया गया है—'एशियायी' रूप बना दिया गया है, जैसे कि 'राम यहाँ **आए** और गोविन्द **जाए**' जैसे प्रयोगों में 'य्' लगाकर 'आये'-'जाये' आदि ! 'आया' का भूतकालिक रूप (बहुवचन) यदि 'य्' को बनाए भी रहे; तो यह और बात है। 'आये राम' और 'आए राम' दोनों शुद्ध हैं ! फिर इन में से एक ही रखना हो, तो वह अलग बात है। परन्तु आज्ञा आदि में 'जाये' और भविष्यत् में 'जाये गा' आदि तो बिल्कुल गलत हैं। यह 'य्' की भरमार वैसी ही है, जैसी कि कृत्रिम प्राकृत में—'णाऊ-णाऊ' भाषा में—'ण' की भरमार ! सर्वत्र 'ण' —'नाम' भी 'णाम' ! संसार में यही ('णाऊणाऊ' प्राकृत) ऐसी एक 'भाषा' है, जिसमें शब्द के आदि में भी 'ण' आता है। फिर कहते हैं कि यह मधुर भाषा है; क्योंकि 'प्राकृत' है ! प्राकृत (जनभाषा) मीठी होती ही है; परन्तु बनावटी कर्णकटु भाषा गढ़ कर उस का नाम कोई 'प्राकृत' रख ले, तो वह मीठी न हो जाएगी।

कहने का मतलब यह कि 'पढ़े-लिखे' लोग भाषा में कभी-कभी अजब-अनोखी वर्तनी चला देते हैं और फिर उन की उस 'सेवा' पर विचार कर के भाषा को परिष्कृत करने का काम दूसरों पर आता है। प्ररूढ़ भ्रम को दूर करने में किसी-किसी की पूरी उम्र ही लग जाती है। 'कागज़', 'ज़रूर' आदि (नीचे बिन्दी लगाकर) लिखना हिन्दी में अनिवार्य हो गया था। पहले 'कागज' 'जरूर' जैसे अनबिन्दी विन्यास होते थे; पर सन् 1901 में काशी नागरी-प्रचारिणी सभा ने 'सर्वसम्मत' निर्णय दिया कि फारसी आदि के ऐसे शब्दों के नीचे बिन्दी जरूर लगानी चाहिए। सन् 1930-35 तक इस निचबिन्दी की धूम रही। इसके बाद इसे हटाया-हटवाया गया; बड़ा भारी संघर्ष करना पड़ा और तब, लगभग बीस वर्षों में,

वह (बिन्दी का) विकार हिन्दी से हटा। यह सब आगे एक स्वतन्त्र अध्याय में विस्तार से बताया जाए गा। यहाँ एक उदाहरण के रूप में चर्चा है।

'एशियाई' की बनावट

हिन्दी का अपना एक तद्धित-प्रत्यय है—'ई'। संज्ञाओं से विशेषण बनाने का काम करता है। अकारान्त संज्ञा में जब यह लगता है, तो उस (संज्ञा) के अन्त्य स्वर का ('अ' का) लोप हो जाता है—'कानपुर' का कपड़ा, जूता, या कोई और चीज; या स्त्री-पुरुष—'कानपुरी'। इसी तरह मिर्जापुरी, भोजपुरी आदि हैं। बनारस की साड़ी 'बनारसी' और बनारस का पान भी 'बनारसी'। यानी सर्वत्र 'बनारसी' एकरूप। परन्तु 'बनारसीदास' में 'बनारसी' विशेषण नहीं; संज्ञा है। 'वाराणसीदास' > बनारसीदास; जैसे 'मथुरादास', 'द्वारकादास' आदि। वाराणसी > वाणारसी > 'बनारसी' व्युत्पत्ति है। यों, 'वाराणसी' का ही रूपान्तर 'बनारसी' (संज्ञा) है— 'बनारसी दास' में। परन्तु स्वतंत्र रूप में 'बनारसी' संज्ञा अब नहीं चलती; 'बनारस' चलती है। अन्त्य 'ई' की जगह 'अ' हो गया। इस 'बनारस' से फिर विशेषण—'बनारसी पान' 'बेढब बनारसी' आदि।

'बनारसी' संज्ञा का रूप 'बनारस' शायद इस 'ई' प्रत्यय का उपयोग करने के लिए ही हुआ हो; क्योंकि 'बनारसी' से 'ई' प्रत्यय लाना बेकार था—बनारसी + ई = 'बनारसी' ही रहता। संज्ञा और विशेषण की एक वर्तनी किस काम की! 'बनारस' से 'बनारसी' विशेषण बढ़िया रहा।

अब 'वाराणसी' तद्रूप संस्कृत शब्द फिर चलने लगा है; पर

'बनारस' तो रहे गा ही। 'बनारसी पान' की जगह '**वाराणसेय पान**' कोई न बोले गा।

उसी 'ई' का प्रयोग 'एशिया' तथा 'सभा' आदि में है। अन्त में 'आ' है; इसलिए लोप नहीं होता—

'एशियाई जनता'—एशिया की जनता

'हिन्दूसभाई नेता'—हिन्दू सभा के नेता

'लखनऊ' में 'ई' लग कर 'लखनवी' विशेषण बनता है—'लखनऊई' नहीं। वर्णमाला में इ-ई—उ-ऊ क्रम है; उ-ऊ—इ-ई नहीं। पहले कंठ, फिर ओष्ठ। ओष्ठ से वापस कंठ को जाने में असुविधा होती है; इस लिए 'लखनऊई' नहीं हुआ। 'ऊ' को 'व्' हो गया और फिर वह ('व्') आगे प्रत्यय में जा मिला—'लखनवी'। 'बरेली' से 'ई' प्रत्यय हो कर 'बरेलवी' शब्द बनता है। 'ई' को 'अ' और 'व्' का आगम। यानी 'लखनवी' के वजन पर 'बरेलवी' बना है। इस तरह देखा-देखी शब्द बनते हैं। 'आया' का रूप 'आई' देख कर 'आवा' का भी स्त्रीवर्गीय रूप 'आई'। 'व्' का उच्चारण पूरी तरह 'आवी' में होता है; तो भी लोप; 'आया' के 'आई' को देख कर। संस्कृत में भी 'हरयिह' के रूपान्तर 'हरइह' को देख कर ही 'विष्णविह' आदि के 'विष्णइह'—जैसे शब्द-रूप हुए हों गे। 'बरेलवी' की ही तरह 'देहलवी' है। यह पश्चिमी हवा है। 'बनारस' पूरब है। 'बनारसी' विशेषण पहले ही बन चुका था; बाद में 'लखनवी' बना; अन्यथा ('बरेलवी'-'देहलवी' की ही तरह) 'बनारसी' संज्ञा से भी **'बनारसवी'** रूप शायद बन जाता। परन्तु न बनता। 'बनारसवी' कितना लम्बा विशेषण है ! बोलने में अटपटा ! 'बनारसी' विशेषण बहुत अच्छा।

किसी-किसी संज्ञा में ('ई' की जगह) 'ऊ' प्रत्यय लगाकर

विशेषण बनाया जाता है—बाजार की भाषा—'बाजारू भाषा'।

किसी-किसी संज्ञा में 'आ' प्रत्यय होता है—'बंबइया टाइप'। 'आ' प्रत्यय सामने आने पर 'बंबई' की 'ई' को 'इय्' हो जाता है—बंबई का—'बंबइया'। 'बंबइआ' वर्तनी गलत है। हिन्दी ऐसी जगह 'य्' का लोप नहीं करती; क्योंकि वह स्पष्ट सुनाई देता है। 'इय्' न कर के 'ई' को ही ह्रस्व मान कर भी 'बंबइआ' नहीं लिखा जा सकता; क्योंकि ऐसी जगह हिन्दी 'इ' और 'ई' को 'इय्' करना अनिवार्य समझती है और इसी लिए—गाजी + आबाद—'गाजियाबाद' होता है; 'गाजिआबाद' नहीं और इसी लिए—'लड़की' का बहुवचन 'लड़कियाँ' होता है; 'लड़किआँ' नहीं। संस्कृत (तद्रूप) शब्द भी इसी पद्धति पर चलते हैं—'नदियाँ' 'नदियों में' आदि। यहाँ ('आँ 'ओं' आदि में) 'य्' की आवाज़ दबती नहीं है; जैसे कि इ-ई तथा 'ए' के साथ दब जाती है। इस लिए 'बंबइया' विशेषण। और, इसे देख कर 'कलकतिया' बन गया। 'कलकतिया टाइप भी अच्छा बनने लगा।' 'कलकत्ता' के 'आ' को 'ई' रूप मिल जाता है; सामने 'आ' आने पर। 'ई' को फिर 'इय्'—'कलकतिया'।

'महँगाई' और 'महँगी'

पढ़ने में आने लगा है—'महँगी दिन पर दिन बढ़ती जा रही है।' यह भ्रष्ट प्रयोग है। मिसरी के धोखे फिटकरी खीर में छोड़ दी गई है। देखा-सुना हो गा—'आजकल खर्च की **तंगी** हो रही है।' इस 'तंगी' में 'ई' भाव-वाचक प्रत्यय है पर; 'महँगी' में 'ई' स्त्री-प्रत्यय है। 'महँगा' विशेषण है; उसका स्त्रीवर्गीय रूप 'महँगी'—

अन्न **महँगा** हो रहा है

चने बहुत **महँगे** हो रहे हैं

रुई तो बेहद **महँगी** हो रही है

'महँगी' के 'ई' को भाववाचक तद्धितीय 'ई' समझ लिया गया ! 'महँगा' विशेषण की भाववाचक संज्ञा है—'महँगाई'। 'महँगाई दिन पर दिन बढ़ रही है।' 'अच्छा' विशेषण; 'अच्छी' उस का स्त्रीवर्गीय रूप और 'अच्छाई' भाववाचक संज्ञा। परन्तु 'दंगाई' भाववाचक संज्ञा नहीं, विशेषण है; 'दंगा' संज्ञा से बना हुआ। दंगा करने वाले—'दंगाई'। 'पुलिस के पहुँचने से पहले ही दंगाई भाग खड़े हुए।' परन्तु 'सगाई' विशेषण नहीं है; संज्ञा है। 'संगा' विशेषण है। 'सगा'-जैसा सन्बन्ध जोड़ने की प्रारम्भिक क्रिया—'सगाई'। 'पुष्टई' संज्ञा है, हिन्दी की। 'पुष्ट' संस्कृत का विशेषण, उसमें अपना 'ई' तद्धितीय प्रत्यय—'पुष्टई'—ताकत लाने वाली चीज।

सो, 'महँगी बढ़ रही है' इस तरह के प्रयोग गलत हैं। '**महँगाई** बढ़ रही है', 'सभी चीजें **महँगी** हो रही हैं।'

'तत्त्व' और 'तत्व'

शुद्ध संस्कृत तद्रूप शब्द है—'तत्त्व'। 'तत्' शब्द से 'त्व' प्रत्यय हो कर 'तत्त्व' बना है। 'तत्त्व' भाववाचक संज्ञा है— 'तत्त्व इसमें यह है—सार इसमें यह है। '**तत्त्व** तो यह है'—सचाई तो यह है। परन्तु सब लोग तत्त्व से परिचित नहीं। वे 'तत्व' लिख देते हैं। उन्हें यह समझ कर माफ किया जा सकता है कि इसे 'तत्त्व' का हिन्दी में तद्भव रूप समझ लें! संस्कृत में शब्द है 'चञ्चल'। 'चंचल' वहाँ गलत है। परन्तु हिन्दी के अपने गठन में ङ, ञ तथा ण इन तीनों अनुनासिक वर्णों का कोई योग नहीं है। इस लिए यहाँ

'चंचल' तद्‌भव-रूप में गृहीत है। कोई तद्रूप 'चञ्चल' लिखे, तो उस की इच्छा। इसी तरह 'तत्व' का भी समर्थन कर दें, सरलता के लिए। हिन्दी में 'एक दुखद समाचार' और 'एक दुखद घटना' जैसे प्रयोग टकसाली हैं। संस्कृत 'दुःखद' है। परन्तु हिन्दी ने विसर्ग हटा दिए। वैसे 'तत्त्व' ही चलना ठीक। हिन्दी में 'त' की सत्ता है और संयुक्त रूप से भी कुत्ता, कलकत्ता, पत्ता आदि रूपों में यह सामने है। ङ, ञ, ण की यहाँ स्थिति नहीं है। ये किसी भी हिन्दी के 'अपने' शब्द के घटक नहीं हैं और तद्‌भव शब्दों में भी इन की स्थिति नहीं है। यह बात कुछ विस्तार से समझने-समझाने की है। सो, यहीं, अगले ही अध्याय में इस विषय का संक्षेप से खुलासा लीजिए।

5

हिन्दी में 'अनुनासिक वर्ण' और 'अनुस्वार'

'अनुनासिक वर्ण'। अनुनासिक विशेषण है 'वर्ण' का। 'अनुस्वार वर्ण' नहीं कह सकते; क्योंकि 'अनुस्वार' विशेषण नहीं, संज्ञा है; एक स्वतन्त्र ध्वनि का नाम है—'अनुस्वार'। अनुस्वार का उच्चारण स्वरों के बाद ही होता है; इसी लिए नाम 'अनुस्वार'। 'स्वरात् अनु'—'अनुस्वर'। स्वरों के अनन्तर आने वाली स्वतन्त्र ध्वनि। 'अनुस्वर' ही फिर 'अनुस्वार।' 'अंगूर' में 'अ' सानुस्वार है; अनुस्वार के साथ है। 'अं' का उच्चारण—'अङ्' जैसा है। पहले 'अ' उच्चरित होता है; फिर दूसरी ध्वनि, जिस का नाम 'अनुस्वार' है। परन्तु 'अँगूठी', 'अँगना' आदि में वह बात नहीं। यहाँ 'अँ' के उच्चारण में वह पूर्वापरीभाव नहीं है। पहले 'अ' उच्चरित हो और फिर उसके अनन्तर कोई अन्य ध्वनि; यह बात यहाँ नहीं है। इसी लिए 'अँगूठी' आदि के बारे में यह नहीं कह सकते कि यहाँ 'अँ' सानुनासिक है। 'अँ' अनुनासिक है। यानी, अनुनासिकता वर्ण-धर्म है। 'आम मीठा है' और 'आम मधुर है' प्रयोग होते हैं; क्योंकि आम से पृथक् मधुरता कहीं है। 'समधुर आम' न कहा जाए गा। जो पृथक् चीज हो, उस के लिए 'सह' 'साथ' आदि का प्रयोग होता

है—'सवस्त्र दक्षिणा'। 'वस्त्र' पृथक् है 'दक्षिणा' से।

'हँसमुख' को 'हंसमुख'

कहना-लिखना गलत है। 'हँसमुख' में 'अँ' अनुनासिक है और 'हंसमुख' में 'अं' सानुस्वार है। 'अँगना' और 'अंगना' में कितना अन्तर है? 'हँसमुख' का अर्थ 'सस्मितवदन' है। और 'हंसमुख' का अर्थ है—'हंस पक्षी के मुँह की तरह जिस का मुँह हो।' कितना अन्तर है! 'अँगना' और 'हँसमुख' के अनुनासिक 'अँ' को छन्दशास्त्र में 'लघु' ही समझा जाता है। जैसे 'अनार' तथा 'हल' में 'अ' लघु है; उसी तरह 'अँगना' और 'हँसना' में (उस के अनुनासिक रूप) भी। परन्तु सानुस्वार 'अंश' 'हंस' में वही वर्ण 'गुरु' है; क्योंकि उस के साथ एक और ध्वनि है, जिसकी पृथक् सत्ता है। अनुनासिक स्वरों का प्रयोग वेद-भाषा में भी बहुत है—'येनासुराँ अभि देवा असाम।' 'असुरान्' को 'असुराँ' हो गया है। 'न्' हट गया है और अपना प्रतिनिधित्व समीप के (पूर्ववर्ती) स्वर को सौंप गया है—असुरान् > 'असुराँ'। ऋग्वेद का यह प्रयोग है। इसी तरह—

'महाँ असि'—महान् असि

'महाँ इन्द्रः'—महान् इन्द्रः

'देवाँ अच्छादीव्यत्'—देवान् अच्छादीव्यत्

आगे के पदों के आद्य स्वरों से पूर्व ही इस तरह 'न्' की अनुपस्थिति और पूर्व स्वर का अनुनासिक होना देखा जाता है। अन्यत्र अनुनासिक व्यंजन ('न्') का ही प्रयोग है। परन्तु आगे की (साधारण) संस्कृत से स्वरों के अनुनासिक प्रयोग हट गए। कहीं सन्धि-स्थल में—'ताँस्तथा' (> तान् तथा) जैसे प्रयोग मिल जाते हैं।

परन्तु जनभाषा में अनुनासिक स्वर बराबर चलते रहे और हिन्दी में तो बहुत अधिक शब्दों का गठन अनुनासिक स्वरों में से ही है। 'न' को हटाकर पूर्व स्वर को हिन्दी अनुनासिक नहीं करती है।

फारसी में 'न' को हटाकर पूर्व स्वर को अनुनासिक कर देने की पद्धति आज भी है। उर्दू में उसी पद्धति पर—

हिन्दुस्तान, आस्मान, ईमान

आदि को—

हिन्दोस्ताँ, आस्माँ, ईमाँ

जैसे रूप मिल जाते हैं, जो 'हिन्दोस्तानी' 'आस्मानी' आदि में फिर 'न' से प्रकट होते हैं।

वैदिक युग में आर्य जाति दो भागों में विभक्त हो गई थी। 'ईरान' जिसे कहते हैं, उस भू-भाग पर आर्यों की जो शाखा थी उसे 'असुर' कहते थे और उस से पूर्व बहुत बड़े भू-भाग में बसे आर्य 'देव' कहलाते थे। 'देव' और 'असुर' एक ही महावृक्ष (आर्य जाति) की दो शाखाएँ। वैदिक युग में आर्य जाति की इन दोनों शाखाओं की जनभाषाएँ मिलती-जुलती रही होंगी। फारसी में अब भी संस्कृत की छाया है। फारसी भी (हिन्दी की ही तरह) आर्य-भाषा है। परन्तु अरब के मुसलमानों ने जब ईरान पर आक्रमण किया और इसे इस्लामी देश बनाया, तब फ़ारसी, अरबी शब्दों से भर गई।

हिन्दी में अनुनासिक स्वरों का बड़ा योग है—

1. आँगन—आग, साँस—सास
2. ऊँट—ऊसर, खूँटा—खूसट
3. **चोंच—ओ—चोर**
4. **चौंकना—औ—चौधरी**

अनुनासिकता प्रकट करने के लिए 'चन्द्रबिन्दु' ऊपर दिया जाता है; परन्तु जो मात्राएँ शिरोरेखा के ऊपर जाती हैं, उनके साथ केवल बिन्दु का ही प्रयोग होता है—'छींट', 'ईंट' आदि। यहाँ यह बिन्दु अनुस्वार नहीं है; अनुनासिकता प्रकट करने का चिह्न है। 'छींट', 'ईंट' आदि में अनुस्वार उच्चरित होता ही नहीं। 'छींट' लिखने से भी कोई 'छीङ्' जैसा उच्चारण नहीं करता। टंकण-मुद्रण की सुविधा के लिए ऐसा है। यदि कोई 'छींट' जैसी वर्तनी में लिखे, तो कोई रोक नहीं है। यहाँ तो एक बिन्दु ही ऐसा है, जो अनुस्वार की ध्वनि भी प्रकट करता है और कहीं स्वर की अनुनासिकता भी; पर अन्य भाषाओं में तो शतशः-सहस्रशः ऐसी बातें हैं। 'u' अंग्रेजी में 'उ' की भी ध्वनि देता है और 'अ' की भी। 'g' 'ग' की भी ध्वनि देता है और 'ज' की भी।

सो, कहीं-कहीं चन्द्रबिन्दु की जगह केवल बिन्दु से ही अनुनासिकता प्रकट होती है। 'ऋ' कभी अनुनासिक रूप में काम नहीं आती।

अनुनासिक व्यंजन

अनुनासिक व्यंजन हिन्दी की **वर्णमाला** में पाँच हैं—ङ, ञ, ण, न, म,। प्रथम के तीनों व्यंजन संस्कृत तद्रूप शब्दों में ही काम आते हैं—हिन्दी के अपने रूप-गठन में उन का कोई योग नहीं है। अन्त के दोनों वर्ण हिन्दी के गठन में सम्मिलित हैं—नाचना, माँगना, नाना, मामा, नाचता है, माँगता है, आदि। इस तरह ङ, ञ तथा ण का कहीं उपयोग नहीं है। परन्तु 'वाङ्मय', 'पाञ्चजन्य', 'षाण्मासिक' जैसे संस्कृत शब्द तद्रूप ही हिन्दी में लिखे जाते हैं; किसी भी तरह इन्हें बदल नहीं सकते; तद्भव रूप दे ही नहीं सकते; इसलिए हिन्दी

वर्णमाला में इनका सन्निवेश है।

कभी-कभी व्यंजन अनुनासिक और उसका स्वर भी अनुनासिक होता है। कुछ लोग कहते हैं कि 'मा' की जगह 'माँ' लिखना गलत है; क्योंकि 'मा' तो स्वयं ही अनुनासिक है। वे नहीं जानते कि अनुनासिक व्यंजन के साथ अनुनासिक स्वर भी काम आता है—

व्यंजन मात्र अनुनासिक	व्यंजन और स्वर **दोनों** अनुनासिक
1. **नाद**	1. **नाँद**
2. **माद**	2. **माँद**
3. **नीक**	3. **नींद**
4. **माला**	4. **माँगना** आदि।

अनुस्वार और अनुनासिक व्यंजन

ऊपर हमने कहा कि हिन्दी के गठन में केवल न तथा म, इन दो ही अनुनासिक व्यंजनों का योग है; शेष तीनों का कहीं भी नहीं। संस्कृत में पाँचों अनुनासिक व्यंजनों का काम पड़ता है।

यह ध्यान में रखना चाहिए कि हमने हिन्दी की बात कही है, जिसका एक रूप उर्दू भी है। इस भाषा का नैसर्गिक रूप मेरठ के इधर-उधर बहुत दूर तक जनता के कंठों से सुन सकते हैं। इस जनपद का पुराना नाम 'कुरुजनपद' है। यहाँ की इस जनभाषा को 'कौरवी' कह सकते हैं; पर 'खड़ी बोली' इस का नाम अधिक प्रचलित है। इस 'खड़ी बोली' का ही परिमार्जित रूप हिन्दी (और उर्दू) है। हिन्दी-उर्दू के गठन में ङ, ञ तथा ण का उपयोग नहीं है; पर इस के मूल रूप ('खड़ी बोली') में 'ण' का खूब चलन है। 'बहिनी' का 'बहन' रूप हिन्दी-उर्दू में गृहीत है; पर 'खड़ी बोली' में

जनता 'बहण' बोलती है। यानी 'न' की जगह भी 'ण'। यही प्रवृत्ति पंजाबी और राजस्थानी में भी है। 'ण' का खूब चलन है। पंजाब से उधर डोगर-प्रदेश की भाषा (डोगरी) में 'ञ' भी चलता है और बिहार की कई भाषाओं में 'ङ' भी चलता है। 'लँगोटी' को वहाँ 'नङोटी' बोलते हैं। यों उन तीनों अनुनासिक व्यंजनों का विभिन्न जनभाषाओं में प्रयोग होता है; पर अवधी, पाञ्चाली तथा ब्रजभाषा में केवल 'न' और 'म' ही चलते हैं। 'खड़ी बोली' को साहित्यिक रूप दिल्ली में मिला, जो कि ब्रज से दो-चार ही मील दूर है। ब्रजभाषा में 'बहन' चलता है। और पाञ्चाली में 'बहिनी'। फारसी में भी 'ण' नहीं है। फलतः 'उर्दू' नाम से जो हिन्दी का रूप देश-भर में फैला, उसमें 'बहण' नहीं, 'बहन' का ही चलन रहा। हिन्दी-साहित्य का निर्माण कुरुजनपद से बाहर ही अधिक हुआ है। 'बहिनी' बोलने वाले भूभाग में ही हिन्दी का परिमार्जन तथा परिष्कार हुआ है। इस लिए इसके गठन में 'ण' नहीं आया। ङ तथा 'ञ' तो कुरुजनपद में जनभाषा भी नहीं रखती। सो, जहाँ न् और म् की स्पष्ट श्रुति है, वहाँ इनका सन्निवेश वर्तनी में होता है—

दन्त, कन्त, सन्त, हिन्दी, हिन्दू आदि।

कम्पन, चम्पू, लम्प, पम्प, चम्पा आदि।

इन्हें—

दंत, कंत, संत, हिंदी, हिंदू तथा

कंपन, चंपू, लंप, पंप, चंपा आदि रूपों में लिखना ठीक नहीं। रजाई घर में है, तब जाड़े में काम आनी ही चाहिए। जब 'न' और 'म' हिन्दी में हैं, तब उन का प्रयोग क्यों न हो, जहाँ उन की स्पष्ट श्रुति है?

संस्कृत में अनुस्वार सभी अनुनासिक व्यंजनों की जगह काम

देता है; दे सकता है और इसी लिए उस का परिवर्तन ङ्, ञ्, ण् तथा न् और म् के रूप में क्वचित् हो जाता है। **'प्रणामं** करोति' की जगह वैकल्पिक रूप—'प्रणामङ्करोति भी होता है और इसी तरह—

देशं जयति—**देशञ्जयति**

देशं पालयति—**देशम्पालयति**

यों द्विविध प्रयोग होते हैं। परन्तु 'चन्द्रः' का रूप 'चंद्रः' कभी नहीं होता और न 'चम्पकम्' का ही रूप 'चंपकम्' हो गा। इसी तरह 'कङ्कणम्' का रूप 'कंकणम्' वहाँ न हो गा। परन्तु वहाँ ङ, ञ, ण की स्थिति है; चाहे जैसे नियम हों; रहें। हिन्दी में 'दन्त'-'चम्पा' सही हैं और 'दंत'-'चंपा' आदि ठीक नहीं हैं।

परन्तु—

कङ्घा, डण्डा, जञ्जीर, टण्डन-वर्तनी गलत है, ठीक वर्तनी है—

कंघा, डंडा, जंजीर, टंडन आदि।

हिन्दी में ङ, ञ, ण की वह स्थिति नहीं है, जो 'न' और 'म' की है। हिन्दी में 'कंघा' से पूरा काम चल जाता है, तब फिर 'कङ्घा' की कोई जरूरत नहीं। और 'डण्डा' लिखने में 'ण' अपनी श्रुति देता है क्या? स्पष्ट ही 'न्' की श्रुति है और 'जञ्जीर' में 'ञ' भी 'न्' की ही श्रुति देता है। 'टण्डन' में भी 'ण' न्-जैसी श्रुति देता है। जब उनकी कोई 'अपनी' आवाज ही नहीं, तब उन्हें रखना बेकार है।

प्रश्न हो सकता है कि जब 'न्' की ही श्रुति है, तब फिर (अनुस्वार न रख कर) 'डन्डा' 'जन्जीर' आदि ही क्यों न लिखा जाए?

उत्तर में निवेदन है कि संस्कृत में 'न्' का योग परवर्ती तवर्ग के ही किसी वर्ण से होता है; अपने वर्ग से मेल होता है। अन्य किसी 'वर्ग' के वर्ण से उसका योग नहीं होता। इसी पद्धति का

ध्यान रखकर 'न्' का योग हिन्दी भी किसी अन्य 'वर्ग' के वर्ण से नहीं पसन्द करती । अनुस्वार में ङ, ञ तथा ण की ही नहीं, 'न' तथा 'म' की भी ध्वनि मामी गई है, और इसी लिए अनुस्वार की जगह यथास्थान वे पाँचों अनुनासिक ('ङ' आदि) आ जाते हैं—'देशं तथा' —'देशन्तथा' आदि । जबकि उन वर्णों की ध्वनि अनुस्वार से मान ली गई, तभी तो 'देशं जयति' 'देशञ्जयति' यों द्विविध प्रयोग होते हैं न ! और सच पूछो तो 'देशञ्जयति' आदि में भी 'ञ्' का उच्चारण 'न्'-जैसा ही होता है । परन्तु फिर भी 'देशञ्जयति' वर्तनी मान्य है । संस्कृत में उन तीनों वर्णों की अनिवार्य आवश्यकता है; इस लिए 'देशञ्जयति' सही । कभी-कभी उच्चारण का व्यतिक्रम कर के भी वर्तनी रखनी होती है । हिन्दी में धातु है—'रख' । 'रखता है' आदि पद है । परन्तु बोल देते हैं लोग—'पुस्तक वहाँ **रक्खी** है' । वर्तनी भ्रामक हो गी, यदि 'रक्खी' रख ली जाए । 'पुस्तक लिखी है' की ही तरह 'पुस्तक रखी है' वर्तनी ठीक । अब से लगभग चालीस वर्ष पहले 'रक्खा है' 'रक्खी' लिखा भी जाता था, जिसे हटवाया गया । 'रखी है' छपा देख कर लोग समझ लेते हैं कि ठीक है । 'रक्खी है' उच्चारण क्वाचित्क है । हिन्दी में हम लिखते हैं—'बाजार से कागज लाओ', तो फारसी-प्रेमी लोग (उर्दू वाले) समझ लेते हैं कि हम जिसे 'कागज़' बोलते हैं, वही यह है । (वे भले ही पढ़ते समय 'कागज' और 'बाजार' को 'कागज़' और 'बाज़ार' पढ़ें; पढ़ सकते हैं । परन्तु वर्तनी में भेद न किया जाए गा । हम लिखते हैं—'डाक्टर साहब आ गए'; तो अंग्रेजी-प्रेमी 'डाक्टर' को 'डॉक्टर' पढ़ सकते हैं; पढ़ लें । वर्तनी हम न बिगाड़ें गे ।

एक उदाहरण 'ऋ' का भी है । 'ऋषि' हम हिन्दी में (संस्कृत की ही तरह) लिखते हैं—'रिषि' नहीं लिखते । उच्चारण 'ऋ' का

'रि' जैसा ही है। 'ऋ' मराठी और गुजराती आदि में 'रु' जैसा उच्चरित होता है। 'ऋषि' का उच्चारण वहाँ 'रुषि' जैसा होता है। परन्तु वर्तनी में वे भी 'रु' न देकर 'ऋ' ही देते हैं। इससे अर्थ-बोध सब को समान; उच्चारण में अन्तर। वर्तनी में एकरूपता न रहे, तो कोई भी लिखी चीज अन्यत्र या अन्यथा दुरूह हो जाए गी। इसी लिए अंग्रेजी के कितने ही शब्द देश-भेद से उच्चारण-भेद रखते हैं; पर वर्तनी नहीं बदलते।

परन्तु 'ऋ' का प्रयोग हम संस्कृतेतर भाषाओं में नहीं करते। 'ब्रिटेन' तथा 'ब्रिटिश' की जगह कोई-कोई 'बृटेन' तथा 'बृटिश' लिखते हैं, जो ठीक नहीं। महाराष्ट्र आदि में 'ब्रुटेन' तथा 'ब्रुटिश' उच्चरित हो गा, तब क्या अर्थ निकलेगा? ऋषि, कृपा, ऋतु आदि तो संस्कृत शब्द हैं, जो सभी भारतीय भाषाओं को रिक्थ-रूप में प्राप्त हैं। 'रिक्थ' को 'ऋक्थ' किसी भी भारतीय भाषा में नहीं लिखा जा सकता। वर्तनी बदल देने से अर्थ ही न निकले गा। हमारा लिखा 'ऋक्थ' न संस्कृत वाले समझें गे, न गुजरात-महाराष्ट्र वाले ही। संस्कृत तद्रूप शब्द ज्यों-के-त्यों चलते हैं—'ऋ' की जगह 'ऋ' और 'रि' की जगह 'रि'। परन्तु 'ब्रिटिश' और 'ब्रिटेन' को 'ऋ' से लिखने में कोई तुक नहीं। 'ऋ' वर्ण केवल संस्कृत में चलता है। 'विसर्ग' की भी यही स्थिति है।

परन्तु संस्कृत-प्रेमी 'बृटेन' लिखते हैं। ये लोग उसी सम्प्रदाय के हैं, जो 'स्टेशन मास्टर' को 'ष्टेशन माष्टर' और 'मजिस्ट्रेट' को 'मजिष्ट्रेट' लिखता था। इसी सम्प्रदाय के लोग 'छह' को 'छः' लिखने लगे थे, जो ऐसा जम गया था हिन्दी में कि उसे उखाड़ने में बीसों वर्ष लग गए। इसी सम्प्रदाय के लोग डण्डा, कण्डा, जञ्जीर, अञ्जीर और कङ्घा जैसी वर्तनी पसन्द करते हैं। जैसे और सब सही

रास्ते आ गए, उसी तरह ये भी आ जाएँ गे। 'डाक्टर-डॉक्टर' आदि पर आगे विचार हो गा। ये 'डॉक्टर'-सम्प्रदाय वाले तो बहुत ही भंयकर हैं हिन्दी के लिए। भगवान् ने हिन्दी के रूप की रक्षा फारसी-प्रेमी लोगों से की; 'ज़रूर' हट गया, संस्कृत-प्रेमियों से की; 'ष्टेशन' हट गया। 'डण्डा' भी हट जाए गा। परन्तु 'डॉक्टरों' से हिन्दी की जान को बहुत खतरा है। इन का भी इलाज हो रहा है। ठीक हो जाते हैं; परन्तु बीमारी फिर उभर आती है। चली जाए गी। अंग्रेजी राज चला गया है।

अनुस्वार और **अनुनासिक स्वर**

ऊपर अनुनासिक व्यंजनों की और अनुस्वार की चर्चा हुई। अब अनुस्वार और अनुनासिक स्वरों का झमेला भी देखिए, जो कि भूल से पैदा हो गया है। इनका दोष 'अति विचार' करने वालों पर नहीं; विचार न करने वालों पर है।

संस्कृत में अनुनासिक व्यंजनों का अधिक प्रयोग होता है; हिन्दी में अनुनासिक स्वरों का जोर है। संस्कृत 'दन्त' यहाँ 'दाँत' हो गया है, और 'अन्त्र' का रूपान्तर 'आँत' है।

फारसी में भी अनुनासिक स्वर हैं और कहीं-कहीं 'न' को हटा कर भी पूर्ववर्ती स्वर अनुनासिक कर लिया जाता है। मूल शब्द हैं—'आस्मान', 'ईमान', जो हिन्दी में भी ले लिए जाते हैं। परन्तु उर्दू वाले इनके उच्चारण उस तरह करते हैं, जैसे कि फारसी में होते हैं—'आस्माँ' 'ईमाँ'। तो भी '**आस्मानी** रँग' और '**ईमानदारी** की कमी' जैसे प्रयोगों में स्वर अनुनासिक नहीं रहता; अनुनासिक व्जंजन आ जाता है। हिन्दी इस तरह रद-बदल नहीं करती। न तो यहाँ 'आस्माँ रंग बदलता है' और न 'ईमाँ की कसम' चलती है। इसी तरह संस्कृत के 'भगवान्' जैसे शब्द या तो तद्रूप चलते हैं; या

फिर अकारान्त (तद्भव) 'भगवान' कर लिए जाते हैं— "डॉ. भगवानदास (बाबू श्रीप्रकाश जी के पिता) बहुत बड़े विद्वान् थे।" परन्तु 'भगवान्' को 'भगवाँ' कभी भी हिन्दी नहीं करती। न यहाँ 'सम्मान' को 'सम्माँ' होता है और न 'अपमान' को 'अपमाँ' बनाया जाता है।

परन्तु, अन्यत्र 'न्' को हटा कर हिन्दी ने स्वर को अनुनासिक रूप दिया भी है; अपने रूप-निर्माण में। संस्कृत की 'ति' तथा 'न्ति' विभक्तियों से 'त्' का लोप कर के 'इ' और (न् + इ) = 'नि' रूप। 'नि' से 'न्' को हटा कर स्वर अनुनासिक कर लिया—'इँ'। 'अस्' धातु को उलट-पुलट कर 'स' और 'स' को फिर 'ह' कर लिया—अपनी सत्तार्थक धातु। 'ह' में वह 'इ' विभक्ति लग कर 'वृद्धि' सन्धि—'है' क्रिया-पद। और बहुवचन 'इँ' लग कर 'हैं' क्रिया-पद। 'हैं' में स्वर अनुनासिक है। मात्रा-प्रयोग की सुविधा के लिए केवल 'बिन्दु' का विन्यास होता है।

प्राचीनतम काल में आर्य जाति दो भागों में बँट गई थी। उनमें से एक की जनभाषा शतधा विभक्त होकर आज हिन्दी, गुजराती, मराठी, बँगला आदि रूपों में है और दूसरी है फारसी तथा उसके रूपान्तर। अरबों के आक्रमण से पूर्व फारसी का रूप शुद्ध था। बाद में अरबी शब्दों ने उस के मिठास को दबा दिया। 'दुनियाँ' जैसे पदों का अनुनासिक स्वर निरनुनासिक हो जाता है; विशेषण जब बनता है—'दुनियबी'। 'दुनियँबी' प्रयोग नहीं होता।

यह प्रासंगिक चर्चा है। हमें वर्तनी पर विचार करना है। लोग भूल से कभी-कभी अनुनासिक स्वर के स्थल में अनुनासिक व्यंजन काम में ले आते हैं।

'दाँत' को 'दान्त' लिखा मैंने देखा है; पर कभी किसी लेखक

ने ऐसा नहीं लिखा। बाजारू प्रयोग है। ध्यान में 'दन्त' रहा, सो 'दान्त' लिख दिया; भद्दी गलती है। 'दान्त' तो संस्कृत का एक विशेषण है। 'दन्त' संज्ञा है, जिसे हिन्दी ने 'दाँत' बना लिया है।

हाँ, 'हँसी आती है' की जगह 'हंसी आती है' जैसे प्रयोग तो 'साप्तांहिक हिन्दुस्तान' जैसे पत्र में भी आप नित्य देख सकते हैं। ऐसा जान पड़ता है कि वहाँ अनुस्वार में और अनुनासिक स्वर में कोई भेद ही नहीं समझा जाता। 'हँसी आती है' की जगह 'हंसी आती है' जैसे प्रयोग कितने भद्दे हैं।

'कँगना' को 'कंगना' और 'अँगूठी' को 'अंगूठी' लोग लिख देते हैं। 'रँग-ढँग' को 'रंग-ढंग' लिखते हैं। शब्द 'ढँग' है; 'ढंग' नहीं। 'रंग' और 'रँग' में भी अन्तर है। 'क्या रंग हैं'? मतलब मौज-बहार से है। रंग-रंजन। 'रंगशाला' —मनोरंजन की जगह। 'रँग' दूसरी चीज है। उस का रँग फीका पड़ गया। 'रंग' यहाँ न रहेगा। संस्कृत में वर्ण-वाचक 'राग' है हिन्दी में 'रंग' है और 'रँग' भी। जहाँ जो ठीक जमे। साधारणः 'रँग' चलता है। समास में 'रंग' जभता है—तिरंगा, दुरंगा, सतरंगी आदि। कहीं 'रँग' भी— 'पँचरँग साड़ी मेरी'। 'राग' का भी प्रयोग होता है; पर वर्ण-वाचक के रूप में नहीं—'राग-द्वेष से परे होते हैं महात्मा।'

बस, इस सम्बन्ध में और अधिक कहने की आवश्यकता नहीं है।

6

कुछ अव्ययों की वर्तनी

'राम के लिए'—'राम के लिये'

यों 'लिए' अव्यय को 'लिये' भी लिखते हैं। परन्तु प्रकृत रूप है—'लिए'। 'लिये' गलती से चल पड़ा है। जिन लोगों ने 'जाए' और 'जाए गा' को 'जाये'-'जाये गा' कर लिया, उन्हों ने ही 'लिए' अव्यय को 'लिये' कर लिया। हिन्दी इ-ई तथा 'ए' में 'य्' की स्थिति किस रूप में रखती है; पीछे देख आए हैं। जब हिन्दी 'आया' के बहुवचन 'आये' में ही 'य्' को रखना अनिवार्य नहीं समझती, तब 'लिये' अव्यय कैसे रखे गी ? यहाँ तो 'य्' के होने का कोई प्रमाण ही नहीं है। पर हवा चल रही थी। कभी विचार भी नहीं हुआ था। वर्तनी की एकरूपता जब 'माँग' के रूप में सामने आई, तब सोचा-विचारी हुई और निर्णय दिया गया कि हिन्दी का अव्यय—

'लिए' शुद्ध है;—**'लिये'** सविकार है।

जब यह निर्णय हो गया कि अव्यय 'लिए' है, 'लिये' नहीं; तब यह कहा गया कि 'लिया' का बहुवचन 'लिए' मान्य; तो (उस से भेद करने के लिए) अव्यय 'लिये' रखना चाहिए। बच्चों की-सी बातें हैं। वर्तनी-भेद तब किया जाता है, जब भ्रम की सम्भावना हो। 'श्वश्रू' के

लिए 'सास' शब्द है; इस लिए 'श्वास' का रूपान्तर 'साँस' हुआ। वैसा भेद करने के लिए भाषा की प्रकृति भी देखी जाती है। भाषा की प्रकृति 'ए' में 'य्' को रखना पसन्द नहीं करती और भ्रम को कहीं कोई गुंजाइश नहीं है। अव्यय 'लिए' जब भी आए गा, अपने पहले (पूर्व पद के साथ) 'के' विभक्ति अवश्य लाए गा—

राम **के लिए** धोती है
सब लड़कों **के लिए** पुस्तकें हैं
लड़कियों **के लिए** 'उषा' मशीनें हैं
देशभक्तों **के लिए** चरखे हैं

सर्वत्र 'के' विभक्ति रहे गी। परन्तु 'लिए' क्रिया की स्थिति भिन्न है—

राम ने **फल लिए**
लड़कियों ने **पुष्प लिए**
हम ने फल **भी लिए** पुष्प **भी लिए**

कहीं भी 'लिए' क्रिया से पहले 'के' विभक्ति नहीं है। न आज तक कभी किसी को भ्रम हुआ है; न हो गा। उर्दू में एक शब्द 'दस्त' है, जो 'हाथ' के लिए आता है और दूसरा एक और 'दस्त' है, जो 'पाखाना' का पर्याय है। दोनों की उर्दू में (फारसी लिपि की) वर्तनी भी एक ही है। परन्तु कभी किसी को कोई अर्थ-भ्रम नहीं हुआ। किसी ने भी नहीं कहा कि एक 'दस्त' की वर्तनी कुछ बदल देनी चाहिए।

परन्तु हिन्दी की स्थिति तो आज कल बड़ी विचित्र है न! सभी विचारक हैं और कोई नया विचार देना चाहते हैं। परन्तु 'लिये' अव्यय रहे गा कैसे, जब 'राष्ट्रिय' 'जागर्ति' आदि संस्कृत शब्द ही नहीं रह सके। हिन्दी में फिर 'छह' ने अधिकार जमा लिया; जहाँ शताब्दियों से 'छः' का राज था। भाषा अपनी प्रकृति पर जाती है।

'किए' और 'किये' अव्यय

'किए' कृदन्त अव्यय हैं; जैसे कि 'जब'-'तब' और 'जहाँ'-'तहाँ' आदि तद्धितीय अव्यय हैं। अव्ययों के रूप में कभी कोई परिवर्तन नहीं होता—

लड़का काम **किए ही** जा रहा है

लड़के क्रियाएँ **किए ही** जा रहे हैं

लड़की काम **किए ही** जा रही है

लड़कियाँ काम **किए ही** जा रही हैं

इसी तरह 'लड़की **फल लिए** जा रही है'। 'वह मूर्ख शराब **पिए** ही जा रहा है'।

ये सब—

किए, लिए, पिए, दिए आदि।

कृदन्त अव्यय हैं। दान **दिए ही** चला गया; 'दान **दिए ही** चली गई' आदि। इन में 'य्' लगा कर—

किये, लिये, पिये, दिये

जैसी वर्तनी में लिखना भाषा की प्रकृति के विरुद्ध है।

अव्ययों से पहले की सम्बन्ध-संज्ञा सदा ही 'के' विभक्ति के साथ आती है—

भरत **के पश्चात्** शत्रुघ्न आए।

राम **के पीछे** लक्ष्मण थे।

सीता **के साथ** उनकी सखी भी थी।

अधिक विवरण 'वाक्य-विन्यास' वाले प्रकरण में दिया जाए गा।

यह छठा अध्याय समाप्त होता है। पिछला अध्याय 'पाँचवाँ' था और अगला है—'सातवाँ'। तब यह 'छठवाँ' जैसी वर्तनी में

क्यों नहीं ? लोग 'छठवाँ' लिखते भी हैं। उत्तर है कि 'चौथा' जैसे 'चौथवाँ' नहीं; उसी तरह 'छठा' की जगह 'छठवाँ' नहीं हो सकता। 'चतुर्थः' का विकास 'चौथा' है और 'षष्ठः' का विकास 'छठा' है। पञ्चमः, सप्तमः के विकास हैं— 'पाँचवाँ'-'सातवाँ'।

7

समास में वर्तनी की स्थिति

'संसत्सदस्य' और **'संसद्-सदस्य'** दोनों तरह की वर्तनी शुद्ध है; परन्तु 'संसद्-सदस्य' लिखना अधिक अच्छा। संस्कृत व्याकरण के नियमानुसार समास-विधि में 'सन्धि' का होना जरूरी है—'संसत्सदस्य'। 'द्' को 'त्' हो गया है। यानी 'संसत्सदस्य' संस्कृत बना-बनाया सामासिक पद हिन्दी में तद्रूप चलता है। परन्तु 'संसद्' तथा 'सदस्य' इन दोनों संस्कृत शब्दों को लेकर हिन्दी अपने ढंग से भी समास करती है। बीच में आड़ी योजक-रेखा (हायफ़न) देने की सरल विधि समास की सरलता के लिए हिन्दी ने ग्रहण कर ली है और अपने ढंग से सामासिक पद 'संसद्-सदस्य' आदि बनाती-चलाती है। 'संसद्' स्पष्ट है। 'संसत्सदस्य' में ' संसत्' रूप उन को अटपटा जान पड़ता है, जो संस्कृत-व्याकरण के उस सन्धि-नियम से अपरिचित हैं। और संस्कृत पद्धति से ही, (योजक-रेखा के बिना ही) समास चलाना है, तो फिर **'संसद'-धिवेशन'** जैसे शब्द पद भी चलें गे, जो और कठिन जान पड़ें गे। 'संसद्-अधिवेशन' एकदम साफ है। और यह 'संसदधिविशेन' भी जनता के लिए सुगम है, तो फिर 'संसच्चर्चा'

भी चले गा। "संसद्-चर्चा से कई बातें बहुत स्पष्ट हो गईं। ऐसे प्रयोग बहुत सरल-स्पष्ट हैं। परन्तु 'संसच्चर्चा' दुरूह-दुर्बोध हो गा, उन के लिए, जो संस्कृत-सन्धियों से परिचित नहीं हैं। कभी-कभी योजक-रेखा से अर्थ-भेद भी हो जाता है। 'आलोचक में सहानुभूति चाहिए; कवि के साथ'। क्यों चाहिए? तब काव्य की आलोचना क्या हो गी? कसौटी क्या सोने के प्रति सहानुभूति का बर्ताव करती है? हाँ, आलोचक में 'सह-अनुभूति' ज़रूर चाहिए, जिसे संस्कृत में 'सहृदयता' कहते हैं। कवि की जैसी अनुभूति आलोचक में अपेक्षित है—'सह-अनुभूति'। परन्तु संज्ञा-शब्दों को छेड़ना वर्जित है। 'शरच्चन्द्र' को कभी भी 'शरद्-चन्द्र' न लिखा जाए गा। शरच्चन्द्र एक नाम है। जो संस्कृत से परिचित हैं, वे उस (नाम) का अवयवार्थ भी समझ लें गे। 'फजलुल हक' का क्या अर्थ है; हम नहीं जानते। नाम है; समझ लिया। इसी तरह 'रामेश्वर' को कभी भी 'राम-ईश्वर' न लिखा जाए गा। 'रामेश्वर' आदि की सन्धियाँ दुरूह भी नहीं हैं। ऐसी सन्धियाँ हिन्दी में निसर्गतः गृहीत हैं। परन्तु व्यंजन वर्णों की सन्धियों में कुछ अटकाव होता है। ऊँचे दर्जे के ग्रन्थों में वैसी सन्धियाँ भी चलती हैं; परन्तु कथा-कहानी और समाचार-पत्रों में सरलता का ध्यान रखना ही पड़ता है।

'मधुवन' आदि संज्ञाएँ शिरोरेखा अविच्छिन्न रखती हैं; पर 'गोविन्द दास' आदि में शिरोरेखा विच्छिन्न भी लिखते हैं; पर योजक-रेखा (हायफन) नहीं दे सकते। पहले तो कहीं भी शिरोरेखा के बारे में कोई पाबन्दी न थी। '**पिता वचन** मनतेऊँ नहि ओहू' जैसी वर्तनी पुरानी प्रतियों में उपलब्ध है और यह भी स्पष्ट है कि '**पिता वचन**' समस्त पद है—पिता का वचन—'पिता वचन'। शिरोरेखा के बारे में संस्कृत-व्याकरण में भी कोई विधान नहीं है;

पर चलन है अविच्छिन्न शिरोरेखा देने का। बात समझ में आ जाए, इतने से प्रयोजन। 'पिता वचन' का मतलब सब समझ लेते हैं— पिता का वचन। विच्छिन्न शिरोरेखा कोई गड़बड़ी नहीं डालती। परन्तु 'पितृ वचन' लिखना ठीक नहीं; 'पितृ-वचन' ठीक है। 'पिता वचन' जब लिखा गया था, तब वैसा ही चलता था और 'गोविन्द दास' जैसी संज्ञाओं में आज भी वैसा चलन है; ठीक है।

'पितृवचन' समझ में आता है; पर—

'नेतृविश्वास, 'नेतृनिर्वाचन,

या—'नेतृ-विश्वास' 'नेतृ-निर्वाचन'

जैसे सामासिक पद समाचार-पत्रों में देना ठीक नहीं। हिन्दी में 'नेता' प्रातिपदिक है—'नेता की आज्ञा'। संस्कृत में 'नेतृ' प्रातिपदिक है; 'नेता' एक पद है। हिन्दी ने उसी पद को अपना 'प्रातिपदिक' बना लिया है—नेता को, नेता में आदि पद हैं। 'नेतृ को' 'नेतृ ने' आदि 'पद' यहाँ नहीं हैं। समास प्रातिपदिकों का होता है; यानी पदों के **प्रातिपदिक** 'समस्त' होते हैं। सो, हिन्दी अपने प्रातिपदिक 'नेता' से समास करके—

'नेता-विश्वास' 'नेता-निर्वाचन'

जैसे सामासिक पद बनाती है। 'नेतृ-निर्वाचन' लोग न समझें गे; क्योंकि सब यह नहीं जानते कि 'नेता' का प्रातिपदिक (मूल रूप) 'नेतृ' है। 'नेता' सब समझते हैं और 'निर्वाचन' भी समझते हैं; इस लिए 'नेता-निर्वाचन' समझने में देर न लगेगी। पितृ-वचन, मातृ-पूजन, पितृ-पक्ष आदि संस्कृत के समस्त पद तो अनन्त काल से चले आ रहे हैं; रम गए हैं। सब आसानी से समझ लेते हैं। 'नेतृ' समझना कठिन है। कठिनता पैदा करने से लाभ भी क्या ?

प्रचलित शब्द 'मन्त्रि-परिषद', 'मन्त्रि-मंडल' आदि ठीक; पर

'विद्यार्थि-जीवन' ठीक न रहे गा। हिन्दी का अपना प्रातिपदिक 'विद्यार्थी' है, जिसका समास में प्रयोग 'विद्यार्थी-जीवन' हो गा। हिन्दी में 'विश्वकर्मा-भवन' होता है; संस्कृत में 'विश्वकर्म-भवन' हो गा। कौन समझे गा ! 'जिलाधीश' होता है, पर 'तहसीलाधीश' नहीं होता। 'तहसीला' पसन्द नहीं। हाँ, 'परगनाधीश' होता है। 'परगना' ज्यों-का-त्यों रहता है।

धातुओं का भी परस्पर समास होता है और क्रियाओं का भी—

खा-पी कर चलें गे

खूब **खाएँ-पिएँ गे**

'खा' और 'पी' धातु का समास ऊपर है और 'खाएँ-पिएँ' क्रियाओं का समास नीचे के उदाहरण में है।

'आवाजाई' लगी है

'आव' धातु अवधी ब्रजभाषा आदि में चलती है। **'आवत** हैं ब्रजराज' जैसे पद हैं। हिन्दी में 'आ' धातु है—'आता है' पद। 'आव' के साथ हिन्दी की 'जा' धातु का समास है—'आवाजाई'; एक कृदन्त भाववाचक संज्ञा। 'आव' धातु का संस्कृत 'गमन' कृदन्त शब्द से समास होकर—

'आवगमन' हिन्दी का 'अपना' शब्द। पूर्व धातु के अन्त्य स्वर को दीर्घता मिल जाती है—

आवाजाई, लिखापढ़ी, खावापी आदि। 'खावापी' में 'व' का आगम हो गया है; क्योंकि धातु 'खा' है—खात है, खाता है आदि पद हैं। 'आवाजाई' आदि के वचन पर 'खावापी'। 'खावापी आधी रात तक चलती रही।'

इसी तरह 'आवागमन' में 'आव' का अन्त्य स्वर दीर्घ हो गया

है। संज्ञाओं में भी कहीं-कहीं (पूर्व संज्ञा का) अन्तिम स्वर दीर्घ हो जाता है—**दीनानाथ, मूसलाधार, सत्यानाश** आदि इसके उदाहरण हैं। 'सर्वनाश' के अर्थ में 'सत्यानाश' शब्द चलता है। परन्तु 'बंटाढार हो गया' के 'बंटाढार' में स्वर स्वतः दीर्घ है। 'बंटा' बड़ा बर्तन द्रव पदार्थों को भरने के लिए, दाल आदि पकाने के लिए। पूरा बंटा ढरक जाने से क्या बचे गा? 'सर्वनाश' के लिए लाक्षणिक प्रयोग होता है—'बंटाढार हो गया।'

समास में कभी-कभी बड़े उलट-फेर हो जाते हैं। 'पीहर' और 'नैहर' उदाहरण हैं। 'पितृ-गृह' 'पीहर'। पृथक् ('घर' के अर्थ में) 'हर' नहीं चल सकता और (न 'पितृ' के लिए) 'पी' आ सकता है। ब्रजभाषा आदि में 'प्रिय' का विकास जरूर 'पी' चलता है। इसी तरह 'नैहर' है। संस्कृत में एक शब्द है—'ज्ञाति'। 'जाति' भिन्न है। 'ज्ञाति' का अर्थ है—मा-बाप, भाई-बन्धु आदि। इस 'ज्ञाति' का रूपान्तर 'नै' है और 'गृह' का 'हर' है—'नैहर'। ज्ञाति > नाति >नाइ और ना + इ 'नै'। पृथक् 'नै' का प्रयोग कहीं देखा-सुना नहीं गया। इसी तरह 'धौरहरा' है। केशवदेव का 'धौरहरा' प्रसिद्ध है। 'धवल' का रूपान्तर 'धौर' है। 'धवल-गृह'—'धौरहरा'। 'नै' तथा (पिता के लिए) 'पी' शब्द का चलन न होने से यह भी कह सकते हैं कि ये शब्द हिन्दी की समास-रचनाएँ नहीं हैं; संस्कृत के 'ज्ञातिगृह' 'पितृगृह' तथा 'धवलगृह' के विकास हैं। ठीक हैं, पर है समास की ही विचित्रता; क्योंकि पृथक् संस्कृत के 'गृह' का विकास यहाँ 'हर' नहीं सुलभ; 'घर' सर्वत्र है। सो, 'पीहर' 'नैहर' आदि शब्द संस्कृत सामासिक शब्दों के विकास कहे जा सकते हैं; परन्तु हिन्दी-टकसाल के भी सामासिक शब्दों में बहुत परिवर्तन देखा जाता है—'भगदड़' है—'भाग + दौड़'। 'दौड़' का रूप 'दड़' है।

मोर्चे से डरकर भागना 'पलायन' और पागल हाथी के उपद्रवों से घबरा कर लोगों का भागना 'भगदड़'। 'पाकिस्तानी हिन्दुओं की भगदड़'। 'पलायन' अन्यत्र। 'हुड़दंग'—होली का-सा दंगा। 'होली' का रूप 'हुड़' हो गया है। 'मेल-जोल' में 'ड़' को 'ल' हो गया है। अन्यत्र 'जोड़' चलता है— 'जोड़गाँठ'।

संस्कृत का शब्द 'आकाश' हिन्दी में चलता है, 'नभ' भी चलता है। संस्कृत में 'नभोमण्डल' सामासिक पद है; हिन्दी में 'नभ-मंडल' है। 'नभोमण्डल' हिन्दी में नहीं चलता। संस्कृत के—

'मेघा नभोमण्डले'

का हिन्दी अनुवाद होगा—

'नभ-मण्डल में मेघ'

'नभोमण्डल में मेघ' अनुवाद ठीक न हो गा। हिन्दी में 'नभ' प्रातिपदिक है; 'नभस्' नहीं कि यहाँ भी 'नभोमण्डल' चले।

इसी तरह संस्कृत में 'छन्दोनिर्णय' नाम किसी कृति का ठीक; पर हिन्दी में नाम हो गा—'छन्द-निर्णय'। छन्दो-निर्णय या 'छन्दस् निर्णय' आदि पद हिन्दी में गृहीत नहीं हैं; वैसे कोई लिख दे, तो मतलब निकाल ही लिया जाए गा। परन्तु किसी के 'छन्दोनिर्णय' ग्रन्थ का हिन्दी-अनुवाद करना-छपाना हो, तो नाम वही ('छन्दोनिर्णय') रखना हो गा; उसे बदल कर 'छन्द-निर्णय' न करना हो गा।

'छन्दोनिर्णय' 'नभोमण्डल' तो नहीं; पर 'मनोदशा', 'मनः-स्थिति' आदि साहित्य में चलते हैं। 'मनोरथ' खूब चलता है—'मोर मनोरथ जानहु नीके।' अपन शब्द 'मनोकामना' है। 'उपर्युक्त' शब्द भी हिन्दी में चलता है; तद्रूप संस्कृत सामासिक शब्द। शायद हिन्दी के 'अपने' शब्द 'उपरोक्त' को गलत समझ कर यह 'उपर्युक्त'

चलाया गया। परन्तु 'उपरोक्त' गलत नहीं है। यदि 'उपर्युक्त' का ही रूपान्तर 'उपरोक्त' होता, तो भी गलत न कहा जाता। 'उक्त' को हिन्दी ने कहीं भी 'उत्त' किया ही नहीं है। सो, 'उपर्य्युक्त' का 'उपरोक्त' सही ही रूप कहा जाता। परन्तु ऐसा है नहीं। संस्कृत 'उपरि' का रूपान्तर 'ऊपर' है। उसे समास में ह्रस्वता भी मिल सकती थी; परन्तु वैसा मानने पर 'उपरान्त' का क्या होता? 'चार घड़ी उपरान्त' हिन्दी के टकसाली प्रयोग हैं। 'उपर्य्यन्त' कहने से 'उपरान्त' का अर्थ निकल नहीं सकता। ऐसी जगह 'अनन्तर' जैसे शब्द संस्कृत में चलते हैं। सो, 'उपर्य्यन्त' का विकास 'उपरान्त' नहीं है; स्वतंत्र टकसाली शब्द है। 'उपरि' का रूपान्तर ('उपरोक्त' का) 'उपर' नहीं है; पर है यह 'उपर' शब्द उसी 'उपरि' का विकास। एक काम के लिए 'ऊपर' और दूसरे काम के लिए 'उपर' और तीसरे काम के लिए आद्य स्वर हटा कर 'पर' विभक्ति—'उस पर'। हिन्दी की यह पद्धति है कि प्रयोग-भेद के लिए शब्द-भेद कर लेती है। 'द्वौ' का रूपान्तर 'दो' स्वतंत्र प्रयोग के लिए और बचे हुए 'व्' को सस्वर करके 'ब' रूप समासार्थ—बारह, बयालीस, बत्तीस आदि में 'ब' उसी 'द्वौ' का अवशेष है।

अन्तर्राष्ट्रीय, अन्ताराष्ट्रिय, अन्तर-राष्ट्रीय यों त्रिधावर्तनी है। परीक्षा करनी है। ये तीनों रूप अंग्रेजी के 'इंटरनेशनल' अर्थ में हैं। 'इंटर' के अर्थ में यहाँ 'अन्तर्' गलत है; पर शब्द-साम्य से अर्थ समझा जाने लगा था। 'नेशनल' के अर्थ में 'राष्ट्रीय' भी समुचित नहीं; 'जातीय' शब्द चाहिए। 'राष्ट्र' तो देश को कहते हैं, जिसके लिए अंग्रेजी में 'कंट्री' शब्द है। 'हिन्दू' जाति; 'हिन्दुस्तान' उस का देश और हिन्दुस्तान में बसने वाली जाति 'हिन्दुस्तानी'। यानी वस्तुतः 'हिन्दुस्तानी' और 'हिन्दू' एकार्थक हैं। जो जातीयता से

अलग हैं, वे 'हिन्दुस्तान के' कहे जाएँ गे; 'हिन्दुस्तानी' नहीं।

खैर, हमें तो 'अन्तर्राष्ट्रीय' और 'अन्ताराष्ट्रिय' शब्दों पर ही विचार करना है।

'अन्तर्' का प्रयोग 'अन्तर्गृह', 'अन्तःकरण', 'अन्तर्द्वन्द्व' आदि शब्दों में स्पष्ट है—'भीतर' या 'भीतरी'। वह अर्थ इस से नहीं निकलता, जो 'इंटरनेशनल' में 'इंटर' से निकलता है। परन्तु चल पड़ा था; अर्थ भी समझ लेते थे; जैसे कि 'छः' का समझते रहे हैं। मेरा भी ध्यान उधर न गया था। परन्तु जब कुछ विद्वानों ने हिन्दी में—

'अन्ताराष्ट्रिय'

शब्द चलाना चाहा; चला दिया, और 'राष्ट्रिय' की पद्धति पर 'क्षेत्रिय' आदि शब्द भी सामने आने लगे, तब क्या करता! सब से पहले बुरा तो लगा था, 'अन्ता' ही; पर 'क्षेत्रिय' जैसे भ्रष्ट प्रयोगों को रोकने के लिए पहले विचार किया, 'राष्ट्रिय' पर। विशेषण-प्रकरण में 'राष्ट्रिय' की चर्चा हो चुकी है। यहाँ 'अन्ताराष्ट्रिय' के पूर्व पद 'अन्ता' पर ही विचार करना है। विचार वही, जो बहुत पहले प्रकट किए जा चुके हैं कि—

'अन्ता' हिन्दी में एकदम गलत है! संस्कृत में भी कहीं 'अन्ताराष्ट्रिय' प्रयोग नहीं हुआ है। होता भी, तो हिन्दी ग्रहण न करती; 'भारतीय' की पद्धति पर 'राष्ट्रीय' यहाँ गृहीत होता और 'अन्तर्' का सन्धि-रूप तो किसी भी तरह 'अन्ता' यहाँ गृहीत न होता। हिन्दी में वह सन्धि गृहीत नहीं है। और संस्कृत में वैसा प्रयोग है ही नहीं।

अब आप 'अन्ता' देखिए। कहा जा चुका है कि 'अन्तर्' शब्द वह अर्थ देने के लिए पैदा नहीं हुआ है, जो कि 'इंटरनेशनल'

का **'इंटर'** देता है। परन्तु जब बेगार में कोई हलवाई पकड़ लिया गया, और उसे जिल्दसाजी के काम में लगा दिया गया, तो क्या करे गा बेचारा! लस्टम-पस्टम काम करने लगे गा। परन्तु उस के हाथों की अँगुलियाँ काट-छाँटकर कोई कुछ-का-कुछ बना दे, तब क्या हो गा? तब फिर बिल्कुल वह काम उस से न हो गा। यही स्थिति 'अन्ता' की है। कितना खराब लगता है! फिर, जो लोग 'अन्तर्' का वह अर्थ समझने लगे थे, वे 'अन्ता' देख कर क्या समझें गे? कौन समझे गा कि यह 'अन्तर्' शब्द का ही रूपान्तर है? वह संस्कृत-सन्धि यहाँ गृहीत ही नहीं है।

अन्तर् + राष्ट्रिय = 'अन्ताराष्ट्रिय'

संस्कृत-प्रेमियों ने बनाया। पूर्व पद के अन्त्य 'र्' का लोप हो जाता है, यदि आगे के पद का प्रथम अक्षर 'र्' हो। उस 'र्' का लोप हो जाने पर पूर्व-स्वर दीर्घ हो जाता है। 'अन्तर्' के सामने 'रा' है; इसलिए उसके अन्त्य 'र्' का लोप और पूर्व स्वर को दीर्घता—अन्तर् + राष्ट्रिय = 'अन्ताराष्ट्रिय'। यह है संस्कृत-पद्धति। परन्तु हिन्दी में ऐसा कोई भी शब्द गृहीत नहीं, जो इस तरह की सन्धि से बना हो। इस लिए हिन्दी वाले कैसे समझते कि यह 'अन्ता' संस्कृत के 'अन्तर्' शब्द का ही रूपान्तर है? हिन्दी में कई ऐसी स्वर-सन्धियाँ देखी जाती हैं, जो संस्कृत में भी हैं—

उस + इ = 'उसे' और 'जिसे', 'किसे' आदि में देखिए; 'गुण'-सन्धि है।

इस + ई = 'इसी' और 'उसी' आदि

यहाँ पूर्व पद के अन्त्य ('अ') का लोप हुआ और 'स्' मिला अगली 'ई' से, जो कि 'ही' का रूपान्तर है। 'ही' के 'ह्' को हटाकर 'ई'। 'इसी में रख दो'—सब समझ लेते हैं—'इस में नहीं'।

'ह' धातु और 'इ' विभक्ति मिल कर 'है'। कभी-कभी व्यंजन-सन्धि भी होती है— अब + ही = 'अभी' और तब + ही = 'तभी' आदि। परन्तु ये संधियाँ सर्वनाम या अव्यय आदि तक ही हैं। उस + ही = 'उसी' की तरह 'घासी' न हो गा; **'घास ही'** प्रयोग होता है। और, 'अभी' की तरह 'साहब ही' का 'साहभी' न हो गा। हिन्दी समास तथा सन्धियाँ बहुत कम पसन्द करती है और इस की सरलता-सुबोधता का यह भी एक बड़ा कारण है। संस्कृत की बहुत प्रचलित तथा सरल सन्धियाँ यहाँ गृहीत हैं—रामेश्वर, महीश्वर, रामाश्रम आदि। क्लिष्ट और दुर्बोध सन्धियाँ यहाँ नहीं चलतीं। अद्यतन हिन्दी में—'राम **पितृ-आदेश** से, गए विपिन लक्ष्मण-सहित' जैसे समास चलते हैं; पर सन्धि के बिना। संस्कृत में सन्धि (समास में) अनिवार्य है। वहाँ 'पितृ' + आदेश = 'पित्रादेश' समस्त पद हो गा, जो हिन्दी अपने क्षेत्र में स्वीकार नहीं करती। परन्तु 'प्रत्युपकार', 'प्रतीक्षा', 'निरीक्षण' आदि सन्धि-सहित समस्त पद बने-बनाए ले लिए हैं। इन की सन्धि विच्छिन्न कर के पद 'प्रति-उपकार', 'प्रति-ईक्षा', 'निर्-ई-क्षण' आदि रूप में न चलें गे। ज्यों के त्यों (तद्रूप) पद चलते हैं। कभी स्वतन्त्र प्रयोग भी होता है, समास के बिना। तब सन्धि नहीं होती। आचार ठीक; पर 'अति आचार' कभी-कभी 'अत्याचार' बन जाता है। 'अति आचार' से भिन्न अर्थ है—'अत्याचार' का। क्लिष्ट सन्धि के 'पुनारमण' आदि सामासिक पद स्वीकार नहीं। 'पुनारमण' से 'पुनःरमण' कौन समझे गा? यही सन्धि 'अन्तर् + राष्ट्रिय' को **'अन्ताराष्ट्रिय'** बनाती है।

सो, 'राष्ट्रिय' गलत। राजा का साला 'राष्ट्रिय' होता है। और 'अन्तर्' का वह अर्थ नहीं, जो कि यहाँ अभीष्ट है। यदि वह अर्थ

होता, तो 'अन्तर्देशीय पत्र' का अर्थ होता—'दूसरे देशों को भेजा जाने वाला पत्र'। परन्तु अर्थ है—'देश के भीतर ही भीतर चलने वाला पत्र'। यही अर्थ सर्वत्र गृहीत है। सो, 'इंटरनेशनल' के अर्थ में 'अन्तर्' का प्रयोग गलत। 'इंटर प्राविंस' के अर्थ में 'अन्तःप्रान्तीय' गलत तो है ही; पर सन्धि-रूप कौन समझे गा? न 'अन्ता' को लोग 'अन्तर्' समझें गे और न इस 'अन्तः' को ही 'इंटर' का अर्थ देने वाला 'अन्तर्' समझें गे। सब गड़बड़!

शुद्ध प्रयोग हैं—

'अन्तर-राष्ट्रीय', 'अन्तर-प्रान्तीय' आदि।

संस्कृत में व्यंजनान्त 'अन्तर्' का अर्थ है—भीतर —अन्तर्गृह, अन्तर्देशीय (पत्र) आदि।

दूसरा स्वरान्त शब्द है—'अन्तर'। इसके कई अर्थ हैं। एक अर्थ है—'अन्य'। जब किसी शब्द के अन्त में यह लगता है, तो 'अन्य' का अर्थ देता है—'सा तु देशान्तरीया पद्धतिः' 'सा तु राष्ट्रान्तरीया पद्धतिः'— वह तो दूसरे देशों (राष्ट्रों) की पद्धति है। हलन्त 'अन्तर्' शब्द यह अर्थ न दे गा। 'रामः देशान्तरं गतः' —राम दूसरे देश (परदेश) चला गया है। अपना देश छूट गया है। 'देशान्तरीय व्यवस्था यह है' —दूसरे देशों की व्यवस्था है—अपने देश की नहीं।

परन्तु जब 'अन्तर' का पूर्व-प्रयोग हो, तो 'अन्य' अर्थ रहते हुए भी विशेषता आ जाती है—

'यह अन्तरदेशीय व्यवस्था है'

ऐसी व्यवस्था है, जिसका सम्बन्ध इस देश से भी है और अन्य देशों से भी। यही अर्थ 'अन्तर-राष्ट्रीय' का है। पूर्व-प्रयोग से अर्थ का विकास हो गया। 'जितरण' का अर्थ है 'युद्ध-विजेता' और

'रणजित' का अर्थ है 'युद्ध में पराजित'। 'जित' के पूर्व-पद प्रयोग से अर्थ में कितना अन्तर आ गया! सो, 'अन्तर' का पूर्व प्रयोग करने से अर्थ में अन्तर आ गया; पर वह 'अन्य' अर्थ तो बना ही रहता है। 'जितरण' और 'रणजित' जैसा-जितना अर्थ-भेद नहीं है।

उस 'अन्तर्' से यह अर्थ कैसे उगलवाया जाए, जो 'भीतर' का अर्थ देता है? **'अन्य'** अर्थ देने में वह सर्वथा असमर्थ है।

भूल से वहाँ **'अन्तर्'** का प्रयोग चला था, जहाँ **'अन्तर'** चाहिए था। बड़ी कठिनाई से समझाया गया। लोग समझ गए हैं और 'अन्तरराष्ट्रीय', 'अन्तर-प्रान्तीय' प्रयोग होने लगे हैं; परन्तु जिन के हाथों में मेरी पुस्तक कभी पहुँची नहीं; या जो जिद्दी हैं, वे अब तक 'अन्तःप्रान्तीय' लिखते चले जा रहे हैं। **'अन्ता'** तथा **राष्ट्रिय'** तो छूट गए; **'अन्तर्राष्ट्रीय'** अब भी लिख रहे हैं। कहीं 'अन्ताराष्ट्रिय' भी चल रहा है। सो, यह तो दुनिया है; हिन्दुस्तान है; हिन्दी-जगत् है!

समझ लेने की बात इतनी कि शुद्ध प्रयोग हैं—

'अन्तर-राष्ट्रीय' आदि।

बस, समास-प्रकरण में ये ही मुख्य बातें हैं समझने की। बहुत विस्तार तत्त्व समझने में गड़बड़ी पैदा कर देता है।

8

अन्यत्र से शब्द ग्रहण करने की विधि

सभी भाषाएँ अपनी समृद्धि बढ़ाती रहती हैं। जिस की कमी होती है, वह चीज अन्य भाषा से ले लेती है और अपनी चीज देती भी हैं। अंग्रेजी से हिन्दी में 'कोट', 'बटन', 'स्टेशन' जैसे शब्द आए और हिन्दी से अंग्रेजी में 'धोती', 'लोटा', 'घी' आदि शब्द गए। फारसी से हिन्दी में 'बाजार' आदि शब्द आए और हिन्दी से (मूल संस्कृत) के 'खर' जैसे शब्द गए जिन्हें वहाँ के उच्चारण में ढलना पड़ा—'ख़र' बनना पड़ा। ऐसा परिवर्तन होता ही है। जब किसी भाषा का कोई शब्द दूसरी भाषा में जाता है, तो वहाँ के नियमों का—व्याकरण का—पालन तो करता ही है; साथ ही अपना रंग-रूप भी कुछ बदल लेता है; यदि ग्राहक भाषा की प्रकृति से अलग पड़ता हो। 'कोट' और 'बटन' आदि हिन्दी ने ज्यों-के-त्यों ले लिए; पर 'लैनटर्न' और 'हॉस्पिटल' बेमेल पड़ते थे। इन्हें 'लालटेन' और 'अस्पताल' जैसे रूप देकर अपनाया गया। इसी तरह अंग्रेजी में हमारे 'घी', 'धोती' आदि शब्द ज्यों-के-त्यों गए; पर **'गंगाजी'** को **'गेंजिज'** रूप मिला। संस्कृत के 'जल', 'फल' आदि शब्द जनभाषा में ज्यों-के-त्यों (तद्रूप) गृहीत हुए; पर 'पृष्ठ' को 'पीठ' रूप में लिया

गया। 'हमारी **पीठ** की हड्डी' बोलते हैं। इसकी जगह 'पृष्ठ की हड्डी' कोई नहीं बोलता। हाँ, साहित्यिक भाषा में (पढ़े-लिखे लोग) यथास्थान 'पृष्ठ' का प्रयोग करें गे ही। 'पृष्ठ-वंश' की जगह **'पीठ-वंश'** न चले गा। **'पृष्ठ तीसरा'** की जगह **'पीठ तीसरी'** न चले गा। कारण यह कि 'पृष्ठ' का रूप 'पीठ' जिस अर्थ के लिए हुआ है, उसी में वह चले गा। साधारण जनों ने 'पत्र' को 'पत्ता' कहा, तो **उसी अर्थ** में वह चले गा और उस अर्थ में **वही** चले गा। सूखे पत्ते चुर-मुर शब्द कर रहे थे, यहाँ 'पत्ते' की जगह 'पत्र' न चले गा और 'उन का पत्र आया है' यहाँ 'पत्र' की जगह 'पत्ता' न चले गा। 'पत्र' को 'पत्ता' रूप जिस अर्थ में मिला, उसी में चले गा। 'अच्छे **वंश** में वे पैदा हुए थे' यहाँ **'वंश'** की जगह **'बाँस'** न चले गा और 'वन में हरे-हरे बाँस भी खड़े थे' यहाँ **'बाँस'** की जगह **'वंश'** न चले गा। पीठ, पत्ता, बाँस आदि जनता की टकसाल में गढ़े हुए सिक्के हैं और वे वही अर्थ देते हैं, जिस के लिए उन का निर्माण हुआ है। साहित्यिक भाषा में तद्रूप संस्कृत शब्द आवश्यकतानुसार लिए जाते हैं। साहित्यिक भाषा में तद्रूप संस्कृत शब्द ऐसे भी चलते हैं, जो जनगृहीत भाषा-शब्दों के उच्चारण से कुछ भिन्न और क्लिष्ट भी पड़ते हैं। परन्तु अन्य भाषाओं से जो शब्द लिए जाएँ गे, उन को अपने अनुरूप बनाया ही जाए गा; यदि विरूप हुए। संस्कृत की बराबरी (हिन्दी आदि भारतीय भाषाओं के क्षेत्रों में) दूसरी कोई बाहरी भाषा कैसे कर सकती है ?

भारतीय अद्यतन भाषाएँ परस्पर भी एक-दूसरी के शब्द आवश्यकतानुसार लेती हैं। 'खीर मोहन' और 'रसम्' जैसे शब्द हिन्दी में चलते ही है। 'पेड़ा' हिन्दी का शब्द अन्य भारतीय भाषाओं में चलता है। परन्तु क्रियाएँ, सर्वनाम तथा प्रत्यय-

विभक्तियाँ कभी भी कोई भाषा किसी दूसरी भाषा से नहीं लेती। अव्यय भी नहीं लेती; यदि 'अपने' अव्यय हों। हिन्दी में 'जब', 'तब' आदि अव्यय हैं। 'जब तुम आए, तब वह न था' यहाँ 'जब' की जगह 'यदा' न चले गा और न 'तब' की जगह 'तदा' चले गा। हाँ, साहित्यिक भाषा में युग्म-प्रयोग 'यदा-कदा उन के भी दर्शन होते हैं' यों कभी कोई प्रयोग होता भी है; ठीक है। प्रधानता 'अपने' अव्ययों की है। परन्तु क्रियाएँ आदि तो अपनी ही रहती हैं। 'देखना' एक क्रिया है। इस की जगह 'पश्य' या 'दृश्' का प्रयोग न हो गा; परन्तु 'कृदन्त' शब्दों को ले कर नए ढँग की क्रियाएँ हिन्दी बनाती है—'दर्शन किए'। यहाँ केवल 'किए' नहीं, 'दर्शन किए' क्रिया-पद है। 'पढ़ना' भी चलता है और विशेष प्रयोग 'अध्ययन करता है' भी चलता है। 'अध्ययन करता है' यह एक क्रिया-पद है। केवल 'है' या 'करता है' यहाँ क्रिया-पद नहीं है। 'चिट्ठी पढ़ता है' और 'वेदों का अध्ययन करता है'। 'वेद' कर्म है। संस्कृत में भी 'कर्मणि षष्ठी' होती है और 'वेदानामध्ययनं करोति' यहाँ 'वेदानाम्' कर्म ही है।

परन्तु इस तरह की क्रियाओं का निर्माण संस्कृत शब्दों से ही होता है। उर्दू में इस तरह की क्रियाएँ फारसी आदि के शब्दों से भी बनती हैं; पर अंग्रेजी आदि भाषाएँ बहुत दूर की हैं। उनके शब्दों से भी लोग अटपटी क्रियाएँ बनाते-बोलते हैं—"मैं लैटर का **रीडिंग** कर चुका हूँ और अब मैटर की **स्टडी** कर रहा हूँ।" इस तरह की भाषा कॉलेजों के छोकरे आपस में बोलते हैं; परन्तु साहित्य में ऐसी भाषा नहीं चलती। हाँ, यदि अंग्रेजी राज में 'रोमन हिन्दुस्तानी' का प्रयोग सफल हो जाता; उस 'भाषा' में साहित्य भी बनने लगता, तो फिर (फारसी लिपि में लिखी हुई 'उर्दू' की ही तरह) रोमन लिपि में

लिखी वह 'हिन्दुस्तानी' भी मान्य हो जाती और तब हिन्दी के तीन रूप हो जाते—हिन्दी, उर्दू, हिन्दुस्तानी। परन्तु उसे समर्थन न मिला; क्योंकि हिन्दी और उर्दू के साहित्यिकों ने उस की उपेक्षा की और अंग्रेजी वाले (वाणी मात्र से ही चाहे जो कहते रहे हों) उस नई 'वर्नाक्यूलर' से अपने-आप को नीचे गिराने को राजी न हुए। उर्दू तो इस लिए बनी-चली कि उसे सरकारी समर्थन तो प्राप्त था ही; फारसी की प्रभुता भी थी। सो, फारसी आदि के शब्दों से क्रियाएँ बनीं—'दीदार हुए'। यहाँ 'हुए' मात्र क्रिया-पद नहीं है। **दीदार होना, दर्शन होना, दिखाई देना;** यों कई-कई शब्दों में क्रिया-पद हैं, परन्तु ध्यान रखने की बात यह है कि भाषा ने मुहर अपनी लगाई है। 'होना' या 'करना' साथ न हो, तो फिर किसी भी भाषा के किसी भी शब्द से कोई क्रिया-पद न बने गा। 'है' तो सिरमौर है। 'करता' आदि में 'है' का योग तो है ही; 'होता' भी उस का मुहताज है।

संस्कृत से शब्द-ग्रहण

हिन्दी में 'अपने' सभी शब्द स्वरान्त हैं और इसी लिए संस्कृत के स्वरान्त शब्द ही गृहीत हुए हैं। 'वियत्' छोड़कर 'आकाश' लिया गया है। कविता में संस्कृत का 'नभस्' कट-छँटकर 'नभ' बन गया है—'नभ में मेला मेघों का'। संस्कृत में 'नभस्' प्रातिपदिक है; पद हैं—**'नभः, नभसः, 'नभसि'** आदि। **'नभ** में मेला मेघों का' यह वाक्य संस्कृत में यों हो गा—**'नभसि** मेघमाला'। इसी तरह 'कर्मन्' के 'न्' को हटा कर 'कर्म' हिन्दी का प्रातिपदिक है—'कर्मणि तेऽधिकारः'। हिन्दी है—**'कर्म में** तेरा अधिकार है।' न यहाँ **'नभस् में'** होता है; न **'कर्मन् में'**। भाषा की यह प्रकृति न जानने के कारण ही पाश्चात्य भाषा-विज्ञानियों ने हिन्दी में 'घास' तथा 'मान' जैसे शब्दों को व्यंजनान्त मान लिया है। उन

के अनुयायी भारतीय भाषाविज्ञानी भी कहते हैं कि 'घास' आदि हैं तो हिन्दी में व्यंजनान्त-'घास्' आदि ही; परन्तु प्रयोग-अवस्था में अकारान्त 'घास' जैसे हो जाते हैं। तब तो 'नभस्' भी अकारान्त हो कर **'नभस में'** चल सकता था; पर वैसा है नहीं। जैसे 'कलस' चलता है, 'नभस' भी चलता है। इसी तरह 'पयस्' का व्यंजन हटा कर 'पय' हिन्दी ने अपना प्रातिपदिक बनाया। 'पयस्' नहीं लिया।

व्यंजनान्त की ही तरह ऋकारान्त प्रातिपदिक भी हिन्दी नहीं रखती; यद्यपि संस्कृत के 'ऋण' आदि चलते हैं। अन्त में 'ऋ' नहीं गृहीत है। संस्कृत प्रातिपदिकों से बने पद—माता, पिता, नेता आदि यहाँ प्रातिपदिक हैं—'मातृ' आदि नहीं। 'माता को प्रणाम' कहा जाता है; 'मातृ को प्रणाम' नहीं। 'मातृ चरणों को प्रणाम' चलता है; क्योंकि 'मातृचरण' प्रातिपदिक है—अकारान्त। 'उपकृत' आदि कृदन्त शब्द भी हिन्दी में चलते हैं; परन्तु कई पण्डितम्मन्य 'आधृत' जैसे शब्दों की जो नई भर्ती कर रहे हैं, हिन्दी ने उन्हें स्वीकार नहीं किया है। 'आधृत' तो संस्कृत में भी दुर्दर्श है। 'आश्रित' जरूर चलता है; हिन्दी में भी। **'आधृत'** गलत प्रयोग है। **'आधारित'** चाहिए।

विसर्गान्त भी प्रातिपदिक हिन्दी में नहीं लिए गए हैं। 'राजन्' का प्रथमा-एकवचन 'राजा' यहाँ प्रातिपदिक है; इसी तरह 'पयस्' का (तथा 'नभस्' का) प्रथमा-एकवचन 'पयः' और 'नभः' भी प्रातिपदिक बनने के दावेदार हैं; परन्तु विसर्गान्त होने से गृहीत नहीं। विसर्ग हटा देने पर 'पय'-'नभ' रह जाते हैं, जो हिन्दी के प्रातिपदिक हैं ही।

सो, संस्कृत तद्रूप शब्द हिन्दी लेती है; पर वे यदि व्यंजनान्त या विसर्गान्त हुए, तो काट-छाँट कर के स्वरान्त बना लिए जाते हैं। यों 'नभस्' से बने 'नभ' प्रातिपदिक को 'अर्द्धतद्भव' भी कह सकते

हैं। राम, गोविन्द, ऋतु आदि एकदम तद्रूप हैं और 'सूरज', 'पीठ' आदि तद्भव हैं। तद्भव 'सूरज' के साथ तद्रूप 'सूर्य' भी साहित्य में चलता है—'आकाश में सूर्य की किरणें चमक रही थीं'। यह अधिकार **संस्कृत तक ही** सीमित है। अन्य भाषाओं के तद्भव शब्द जहाँ बने, उनके मूल रूप नहीं चल सकते। अंग्रेजी 'लैनटर्न' का तद्भव रूप 'लालटेन' ही चले गा; 'लैनटर्न' नहीं। साहित्यिक भाषा में भी 'लालटेन' ही गृहीत है। यह 'स्वकीय-परकीय' का भेद है। संस्कृत तो इस देश की अपनी भाषा है। इस के साथ किसी भी विदेशी भाषा को स्थान कैसे मिल सकता है।

ऊपर जो कुछ प्रातिपदिकों के बारे में कहा गया है वही धातु-व्यवस्था में भी है। सब धातु स्वरान्त हैं। ऋकारान्त कोई चीज हिन्दी नहीं रखती; पर शब्द में अन्यत्र कहीं 'ऋ' हो, तो उसे हटाती नहीं है। ऋण, कृपा आदि तदवस्थ चलते हैं। यहाँ तक कि जन-भाषा के 'उरिन' शब्द को भी साहित्यिक हिन्दी ने 'उऋण' कर लिया। 'उरिन' अवधी-ब्रजभाषा आदि में चलता है—'पवनसुत तोसों उरिन मैं नाहीं'। 'ऋण' को 'रिन' कर के अपना 'उ' उपसर्ग लगा कर 'उरिन' शब्द। यह किसी संस्कृत शब्द का रूपान्तर नहीं है। संस्कृत में 'उदृण' होता-चलता, तो उस का विकास 'उरिन' कहा जाता। वहाँ 'आनृण्य' जैसे शब्द इस अर्थ में चलते हैं—'आनृण्यमुपगतः'—उऋण हो गया। वैसे 'उदृण' मान ही लें, तो उस का विकास 'उरिन' हो सकता है। परन्तु ऐसा होता तो हिन्दी 'उऋण' क्यों बनाती? 'उदृण' ही न ले लेती? यह भी कहा जा सकता है कि 'उदृण' कठिन पड़ता है और 'ऋण' तो साफ मालूम भी नहीं पड़ता; इस लिए 'उद्' के 'द्' का लोप कर के 'उऋण' अर्द्धतद्भव रूप बना लिया। जो भी हो, शब्द के अन्त में तो नहीं;

पर अन्यत्र 'ऋ' हिन्दी को सुग्राह्य है।

यह सब **प्रातिपदिक** तथा **धातु** शब्दों के बारे में कहा गया है। अव्ययों में विसर्ग गृहीत हैं—प्रायः, पुनः आदि हिन्दी में विसर्गान्त चलते हैं और 'पश्चात्' आदि व्यंजनान्त भी।

'भगवान्' और 'भगवान' दोनों चलते हैं। स्वतंत्र रूप से 'भगवान्' और समास में 'भगवान'—भगवानदास। इसी तरह 'भगवत्' भी अकारान्त हो कर चलता है—'भगवत शरण'। परन्तु 'सद्गुरु प्रसाद' में 'सत्' सस्वर नहीं और इसी लिए संस्कृत-व्याकरण के अनुसार वह 'द्' बन गया है—'सद्गुरु'। यह 'सद्गुरु' संस्कृत का सामासिक शब्द है। हिन्दी ने वहीं से तद्रूप ले लिया है। 'भगवत शरण' में 'भगवत' अकारान्त है, अपना शब्द। संस्कृत में 'भगवत् शरण' नहीं रहता; **'भगवच्छरण'** हो जाता है। 'शरण' एकदम छिप गया! इसलिए हिन्दी ने 'भगवत' के साथ 'शरण' रखा। 'सद्गुरु' तो बहुत प्रसिद्ध शब्द है। कहीं 'सतगुरु' भी चलता है। और 'सतिगुरु' पंजाबी में चलता है।

लेखकों की रुचि संस्कृत शब्दों की ओर रहती है; यह स्वाभाविक है। परन्तु हिन्दी की प्रकृति को देख कर ही चलना चाहिए और गलत प्रयोग न करने चाहिए। दूसरी बात यह कि संस्कृत के ऐसे शब्द भी न लेने चाहिए, जो प्रसिद्धार्थ न हों। भाषा-विज्ञानीय ग्रन्थों में आपको ऐसे शब्द मिलें गे, जो न यास्क के निरुक्त में हैं; न पाणिनीय व्याकरण में हैं, न वैदिक शब्दशास्त्रों में—'प्रातिशाख्य' ग्रन्थों में। पाणिनीय व्याकरण में प्रयुक्त शब्द सब समझते हैं; प्रचलित हैं। उन्हें छोड़ कर 'वर्त्स्य' जैसे शब्दों के भेद करना अनावश्यक कठिनाई पैदा करना है।

आजकल 'अभियुक्त' शब्द का जो अर्थ है, सब जानते हैं।

किसी समय 'अभियुक्त' शब्द विद्वान् और बड़े लोगों के लिए भी आता था—'यच्चाहुरभियुक्ताः'—जैसा कि विद्वान् बुजुर्गों ने कहा है। परन्तु अब यह कहना मूर्खता हो गी कि 'लोकमान्य तिलक देश के माने हुए **अभियुक्त** थे'। इसी तरह 'सम्भावित' शब्द इज्जतदार के लिए भी चलता था—**सम्भावितस्य** चाऽकीर्तिर्मरणाद-तिरिच्यते'—किसी सम्मानित व्यक्ति की कीर्ति का नष्ट होना उस की मृत्यु से भी बढ़ कर है। परन्तु आज (हिन्दी में) कोई उस अर्थ में 'सम्भावित' शब्द का प्रयोग न करे गा।

संस्कृत शब्दों का प्रयोग करते समय शुद्धाशुद्ध अच्छी तरह देख लेना चाहिए। 'अभिज्ञ' को 'भिज्ञ' बड़े-बड़े लेखकों ने बना दिया था। ऐसे शब्दों की सूची देना ठीक नहीं। भूलें हैं। इन से बचना चाहिए।

जनता की भाषा है हिन्दी

हिन्दी जनता की भाषा है। जनता किसी शब्द को परिवर्तित करके 'तद्भव' रूप दे देती है, तब उसी का प्रयोग (उसी अर्थ में) शिक्षित-साहित्यिक भी करते हैं। 'भैंस के **शृंग पर मक्षिका** भी नहीं बैठती' इस तरह का प्रयोग सुन कर लोग हँसें गे; क्योंकि 'शृंग' को 'सींग' और 'मक्षिका' को 'मक्खी' के रूप में जनता ने ग्रहण किया है। फारसी के शब्द 'फस्ल' का 'फसल' रूप जन-गृहीत है और यह हिन्दी-साहित्य में चलता है। इसी तरह 'अम्न' भी अमन' रूप में गृहीत है, —'सब अमन-चैन है'। 'फसलें बाढ़ से नष्ट हो गईं' 'फस्लें' नहीं। परन्तु विद्वान् लोग किसी शब्द को तोड़-मरोड़ कर 'तद्भव' शब्द नहीं बना सकते। महाकवि बिहारी ने एक जगह 'स्मर' का प्रयोग 'समर' के रूप में कर दिया है। यह 'स्मर' का

विकृत रूप है। विकास और विकार में अन्तर है। जनता में रूप-परिवर्तन किसी शब्द का 'विकास' है—ढीठ (< धृष्ट), दूध (< दुग्ध) और लालटेन (< लैनटर्न) जैसे शब्द 'विकास' के उदाहरण हैं और 'समर' (< स्मर) आदि 'विकार' के उदाहरण हैं। हाँ, यदि जनता भी बिहारी के प्रयोग को ग्रहण कर लेती और 'काम' की जगह 'समर' बोलने लगती, तो यह भी शब्द-विकास का उदाहरण बन जाता। परन्तु 'समर' तो संस्कृत का एक तद्रूप शब्द पहले से ही जनता में प्रचलित है—'**समर**-भूमि भे दुर्लभ प्राना !' 'सूर **समर** करनी करहिं' आदि 'मानस'-प्रयोग साधारण अपढ़ किसान-मजदूर भी समझ लेता है। 'भयो **काम** जरि राख' में 'काम' तद्रूप संस्कृत शब्द भी सब समझते हैं और 'पहले काम, फिर आराम' के तद्भव 'काम' (<कर्म) की तो व्यापकता ही है भाषा में। परन्तु 'समर' का अर्थ कहीं-कोई वह न समझे गा, जिस के लिए बिहारी ने उस का प्रयोग किया है। हाँ, बिहारी के उस दोहे में वह अर्थ प्रकरण से जरूर समझ लिया जाए गा। सो, तद्भव शब्द बनाने की टकसाल जनता है; विद्वानों की कलम नहीं।

हाँ, जन-गृहीत किसी शब्द को साहित्यिक जन सुडौल-सुन्दर बना सकते हैं। 'फ्लश' (पाखाने) को लोग 'फिलस' बोलने लगे हैं; जैसे 'स्लेट' को 'सिलेट'। 'फिलस' को साहित्य में 'फिसल' कर सकते हैं। 'सिलेट तो बढ़िया है ही। सिलों (शिलाओं) को काट-चीर कर ये बनाई जाती हैं।

सही प्रयोग

शब्दों का शुद्ध रूप और सही प्रयोग अभीष्ट अर्थ के लिए आवश्यक है—'सम्यग् ज्ञातः सुप्रयुक्तः शब्दः' 'कामधुक्' बतलाया

गया है। सम्यक् ज्ञान न होने से ही 'अभिज्ञ' को 'भिज्ञ' कर दिया जाता है। सही प्रयोग के लिए तो बहुत अधिक यत्नवान् होना चाहिए। अभी इस वर्ष, इन दिनों कहीं इतनी वर्षा हुई है; हो रही है कि नदियों की बाढ़ ने तबाही मचा दी है। हजारों घर ही नहीं, हजारों गाँव उजड़ गए हैं। और, कहीं वर्षा की कमी है। तब रेडियो पर मौसम का समाचार देते समय सतर्क रहना चाहिए। बाढ़ के क्षेत्रों के लिए कहना चाहिए—'अगले बारह घंटों में उत्तर प्रदेश, बिहार तथा बंगाल में और गहरी वर्षा होने की आशंका है'। जहाँ पानी की कमी है, वहाँ के लिए कहना चाहिए—'राजस्थान, गुजरात और निकटवर्ती क्षेत्रों में अगले बारह घंटों में अच्छी वर्षा होने की आशा है'। साधारण स्थिति में कहना चाहिए—'वर्षा होने की संभावना है।' परन्तु सब जगह 'वर्षा होने की आशा है' ठीक नहीं।

उच्चारण और वर्तनी

किसी भी व्यापक भाषा की वर्तनी सब से अधिक महत्त्व की चीज है। उच्चारण-भेद भले ही हों, वर्तनी-भेद ठीक नहीं। संस्कृत के अनेक शब्दों का उच्चारण संस्कृत के विद्वानों में भी अनेक रूप होता है। उत्तर प्रदेश के पूर्वाञ्चल में—काशी आदि में—बड़े-बड़े संस्कृत के विद्वान् भी शब्द के आदि में आए हुए 'य' का उच्चारण 'ज' जैसा करते हैं। 'यवनानां लिपिः—यवनानी', इसका उच्चारण हमारे पण्डितजी करते थे—'जवनानां लिपिः—जवनानी'। परन्तु लिखने में 'यवः' को 'जवः' नहीं करते; वेगार्थक 'जवः' को ही 'ज' से लिखते हैं। सब छात्र जन समझ लेते थे कि 'यवनानी' को पण्डितजी 'जवनानी' बोल रहे हैं। बंगाली विद्वान् भी 'ये यथा मां प्रपद्यन्ते' का उच्चारण 'जे जोथा मां प्रोपद्यन्ते' जैसा करते हैं; परन्तु

लिखते वैसा ही हैं, जैसा कि हम सब। संस्कृत के वे ऐसे प्रकाण्ड विद्वान् हैं, विशेषतः 'नव्य न्याय' के; जैसे इधर ढूँढ़े-ढूँढ़े ही मिलें गे। उन का वैसा उच्चारण हम लोग भली-भाँति समझ लेते हैं। परन्तु वर्तनी में यदि भेद हो जाए, तो फिर सब गया! यह ठीक है कि 'य' तथा 'ज' के उच्चारण में विवेक-भेद रखना चाहिए; परन्तु जल-वायु के भेद से उच्चारण-भेद होता ही है। जो हिन्दी हम बोलते हैं; वही एक राजस्थानी, गढ़वाली या काश्मीरी बोलता है, परन्तु उच्चारण-भेद से हम समझ लेते हैं कि यह राजस्थानी है; या गढ़वाली है; या काश्मीरी है। सब का उच्चारण एक जैसा नहीं होता। अंग्रेजी का जैसा उच्चारण इंग्लैंड में होता है, वैसा ही संसार में सर्वत्र नहीं होता। बहुत उच्चारण-भेद है; देश-भेद से। परन्तु वर्तनी सर्वत्र एक है। यदि सब जगह अंग्रेजी का उच्चारण कोई एक-सा करना चाहे, तो पागल हो जाए गा। संस्कृत 'ऋ' का उच्चारण हम लोग 'रि' जैसा करते हैं; गुजरात-महाराष्ट्र आदि में लोग 'रु' जैसा उसका उच्चारण करते हैं। कोई किसी को सिखाता नहीं कि ऐसा उच्चारण करो। जब संस्कृत-शब्दों के ही प्रदेश-भेद से उच्चारण-भेद हैं, तब विदेशी भाषाओं के गृहीत शब्दों में उच्चारण-भेद हो गा ही।

विदेशी भाषाओं के शब्द

फारसी-अंग्रेजी आदि के बहुत-से शब्द हिन्दी ने लिए हैं—

कागज, बाजार, गरीब, डाक्टर, कालेज आदि। कुछ लोग कहते हैं, इन्हें यों लिखो—

काग़ज़, बाज़ार, ग़रीब, डॉक्टर, कॉलेज आदि।

पूछो—क्यों भाई, क्यों वैसा लिखें? ऐसा लिखने में हर्ज

क्या है ?

तो, कहते हैं कि "जिन भाषाओं के ये शब्द हैं, उन की पद्धति देखनी हो गी कि वहाँ इन का उच्चारण कैसा होता है। वैसा ही उच्चारण हमें हिन्दी में भी करना चाहिए। शब्द को बिगाड़ना ठीक नहीं और उस उच्चारण को प्रकट करने के लिए वर्तनी में वैसा ही भेद करना चाहिए।"

जब कहो कि उन भाषाओं में हमारे शब्द जो गए हैं, उन का उच्चारण वहाँ वैसा क्यों नहीं होता ? संस्कृत का **'खर'** वहाँ **'ख़र'** क्यों बोला जाता है ? 'ब्राह्मण' वहाँ 'बिरह-मन' क्यों बन जाता है ? 'गंगाजी' का उच्चारण 'गेंजिज' जैसा विकृत क्यों किया जाता है ?

तो कहते हैं कि "हम उन की नकल क्यों करें ? हिन्दी में शब्द का सही उच्चारण लिखने की शक्ति है; तब **'ग़लत'** क्यों लिखें ? आप लोग **'ग़लत'** को भी ग़लत बोलते हैं और लिखते भी ग़लत हैं—**'गलत'** जैसा। यह ठीक नहीं।"

उन्हें बतलाया गया कि वह 'नागरी लिपि' की विशेषता है कि जो बोला जाए गा, वही लिख दिया जाए गा। 'हिन्दी' भाषा है और 'नागरी' लिपि है। जब हम नागरी लिपि में फारसी-उर्दू लिखें गे, तो उन का उच्चारण स्पष्ट करने के लिए यथास्थान क-क़, ग-ग़, ज-ज़, ख-ख़, फ-फ़ आदि लिखने का ध्यान रखें गे। फारसी-उर्दू पढ़ा हुआ व्यक्ति ही समझ सकता है कि फारसी आदि के किस शब्द में कहाँ क, ख, ग का प्रयोग किया जाए और कहाँ, क़, ख़, ग़ आदि का। हम सब हिन्दी वाले फारसी पढ़े नहीं हैं। और पढ़े भी हों, तो 'जरूर', 'बाजार' आदि के नीचे बिन्दी न लगाएँ गे। कारण, एक झमेला बढ़े गा। वर्तनी में भेद हो जाए गा। सब लोग 'बाजार' लिखें गे और कुछ लोग 'बाज़ार' लिखें गे, तो दुरंगापन आए गा।

भाषा विकृत हो गी। बिन्दी लगाने का चाव बढ़ने पर लोग वहाँ भी बिन्दी लगाने लगें गे, जहाँ उसकी जरूरत ही नहीं। तब उर्दूदाँ लोग हँसें गे, 'वकील' को 'वक़ील' लिखें तो कैसा रहे गा? हमें पता नहीं। इस से तो नीचे बिन्दी लगाने का झमेला दूर ही रखना अच्छा। हाँ, उर्दू वाले यदि नागरी लिपि में वह सब लिखें, तो और बात है—स्वागत है।

यही बात—

डॉक्टर, कॉलेज, ऑफिस आदि की है। हम लोग लिखते हैं—

डाक्टर, कालेज, आफिस आदि।

हम जैसा बोलते हैं, वैसा ही लिखते भी हैं। अंग्रेजीदाँ-हिन्दी के विद्वान् कहते हैं कि 'शुद्ध' उच्चारण करना चाहिए और 'आ' के ऊपर उलटा टोप (ॅ) रखकर—डॉक्टर, कॉलेज़ आदि लिखना चाहिए। वे कहते हैं कि अंग्रेजी में 'डॉक्टर' बोला जाता है—'डाक्टर' नहीं।

यह हुक्म कोई माने गा नहीं। अंग्रेजी में हमारी हिन्दी के शब्द उस रूप में चलें, जो वह चाहें और हिन्दी में अंग्रेजी के शब्द उस रूप में चलें, जैसे कि वे अपने मूल स्थान (इंगलैंड) में चलते हैं; यह कोई तर्क है? कोट, बटन, स्टेशन आदि हम ज्यों-के-त्यों बोलते-लिखते हैं; पर 'डॉक्टर' लिख कर जो उच्चारण हमें सिखाया जाता है, वह गले में जमता नहीं है। हिन्दी तथा सभी भारतीय भाषाओं में वह स्वर नहीं है, जिसे प्रकट करने के लिए 'आ' पर उलटा टोप रखा जाता है। 'आ' तथा 'ओ' के बीच का वह स्वर मुँह कुछ गोल कर के बोला जाता है। दफ्तर या कालेज के चपरासी 'कालेज' को 'कोलेज' और 'लारी' को 'लोरी' बोलते हैं,

और 'आफिस' को 'ओफिस' बोलते हैं, यों त्रिधा उच्चारण हो गए— 'डाक्टर', 'कालेज' आदि हम लोग बोलते हैं; 'डॉक्टर' 'कॉलेज' आदि अंग्रेजीदाँ विद्वान् (हिन्दी में) बोलते-लिखते हैं और उन के चपरासी आदि 'डोक्टर', 'कोलेज' आदि बोलते हैं। परन्तु इन की संख्या बहुत कम है और दिन-पर-दिन ये छीजते जा रहे हैं।

हम 'डॉक्टर' लिखें गे जरूर, यदि नागरी लिपि में अंग्रेजी भाषा लिखें गे। अंग्रेज भी अंग्रेजी में 'गेंजिज' बोलते-लिखते हैं; परन्तु रोमन लिपि में जब संस्कृत या हिन्दी लिखते हैं, तब 'गंगा' ही लिखते हैं—'GANGA'। संसार-भर में यही पद्धति है।

सो, हिन्दी में—

जरूर, बाजार, कागज, डाक्टर, कालेज आदि शुद्ध वर्तनी है, और—

ज़रूर, बाज़ार, कागज़, डॉक्टर, कॉलेज आदि गलत वर्तनी है। एक मजे की बात यह है कि जो लोग हिन्दी में 'डॉक्टर' लिखने को कहते हैं, वे 'कांग्रेस' इसी रूप में लिखते हैं। अंग्रेजी में 'कॉङ्ग्रेस' जैसा उच्चारण होता है। परन्तु 'ङ' न तो हिन्दी में चलता है; न अंग्रेजी में ही। तद्रूप संस्कृत शब्दों में वह चलता है। तब 'कॉङ्ग्रेस' जैसा 'त्रिविक्रम' रूप कैसा? जैसे 'स्टेशन' को 'ष्टेशन' लिखने का आन्दोलन हुआ; 'कागज' को 'कागज़' और 'डाक्टर' को 'डॉक्टर' लिखने की झक वैसी ही है।

9

वाक्य-विन्यास में वर्तनी

हिन्दी-वाक्यों में संज्ञा-विभक्तियों के बारे में अब भी कभी-कभी कहते रहते हैं—"भई, यह निर्णय अभी तक नहीं हो पाया है कि ने, को, से आदि विभक्तियाँ संज्ञा-सर्वनामों से सटा कर लिखी जाएँ, या हटा कर।" जिन्हें और कुछ काम नहीं, कुछ जानते भी नहीं, वे ऐसी 'समस्याएँ' ही सामने रख कर 'विद्वान्' बन जाते हैं। अब से सौ वर्ष पहले कुछ संस्कृत-प्रेमियों ने कहा था कि 'ने' आदि विभक्तियों को प्रकृति (संज्ञा-सर्वनामों) से सटा कर लिखना चाहिए। परन्तु उन में से बहुत लोग फिर वह पक्ष छोड़ गए; यह देख कर कि विभक्ति सटा कर सर्वत्र लिखी ही नहीं जा सकती। ऊपर एक वाक्य में 'प्रकृति' का खुलासा कोष्ठक में (संज्ञा-सर्वनाम) है—"प्रकृति (संज्ञा-सर्वनामों) से सटा कर·····।" यहाँ 'से' का प्रयोग प्रकृति से सटा कर कैसे करें? तो भी, कुछ लोग वही रटन्त लगा कर अपनी बहुज्ञता प्रकट करते रहते हैं। आज भी कुछ प्रकाशक **'रामने सबको** देखा' छापते हैं। हम सब पढ़ कर समझ लेते हैं। और **'राम ने सब** को देखा' ऐसा विन्यास देख कर सटाऊ पक्ष वाले भी सब समझ लेते हैं। जब कोई अड़चन नहीं, तब फिर झगड़ा किस बात का?

यह वर्तनी-भेद तो है नहीं; शिरोरेखा के विच्छेद-अविच्छेद की बात है। सुविधा अलग लिखने में है, तो फिर वही विन्यास रहे गा और, उसे गलत कौन कह सकता है?

संस्कृत में विभक्तियाँ सटा कर लिखी जाती हैं; इस लिए हिन्दी में भी वही पद्धति चले; यह कोई तर्क नहीं है। हिन्दी एक स्वतन्त्र भाषा है। संस्कृत के सभी नियम-कानून यहाँ चलें गे नहीं। जो सुविधा में बाधा न दे गा, वही नियम यहाँ चले गा। और पाणिनि ने या उन के अनुयायी दूसरे किसी वैयाकरण ने यह विधान भी नहीं किया है कि विभक्तियों को प्रकृति से सटा कर ही लिखना चाहिए। सुविधा के अनुसार वहाँ वैसा चलन है। हिन्दी में अपनी सुविधा के अनुसार अन्यथा चलन है। इस में बाधा क्या है? परन्तु जो विभक्ति सटा कर लिखते हैं, उन्हें कोई रोकता तो नहीं है न! दोनों पद्धतियाँ सामने हैं—

1

जनरल **'की' की** आज्ञा दूसरी है

जनरल **कीकी** आज्ञा दूसरी है

2

श्रीयुत **नेने** ने पूना में बहुत काम किया है

श्रीयुत **नेनेने** पूना में बहुत काम किया है

3

उस **खेमे** में हलचल मच गई

उस **खेमेमें** हलचल मच गई

और 'एक एम. एल. ए. ने कहा था', इस वाक्य की 'ने' विभक्ति कहाँ किस से सटाकर लिखी जाए गी?

'बालक ने' भी चलता है और (संस्कृत पद्धति पर) **'बालकने'**

भी। परन्तु आगे कोई **'बालकने'** को भी गलत बतला कर **'बालकेन'** हिन्दी में लिख सकता है। तब फिर 'लड़की ने' की जगह **'लड़कीने'** छोड़ कर 'लड़कीइन' लिखें गे क्या? 'इन' संस्कृत में है; 'ने' हिन्दी में! ये सब लोग तमाशा करते हैं।

परन्तु विभक्तियों को सटाकर कोई लिखता है, तो हमें कोई ऐतराज नहीं। हाँ एक ही पद्धति रखनी है, तो (व्यंजनादि) विभक्तियाँ हटा कर और स्वरादि विभक्तियाँ सटा कर लिखी जाएँ गी—'उस को' और 'उसे' तथा 'उस का' और 'तेरा' आदि।

अब वर्तनी देखिए—

आप की आज्ञानुसार—'आप के आज्ञानुसार'

'आप की' यहाँ ठीक है; या 'आप के'? विचार करने की आवश्यकता इस लिए पड़ी कि कुछ संस्कृतज्ञ हिन्दी-लेखकों ने 'आप की आज्ञानुसार' को गलत बतलाया है और 'आप के आज्ञानुसार' लिखने को कहा है; क्योंकि वे इस प्रयोग को ही शुद्ध समझते हैं। साधारण जन नहीं, काशी के बड़े-बड़े विद्वान् हिन्दी-लेखकों का यह 'निर्णय' है। साधारण जनों की बात तो उपेक्षित हो सकती है; पर ऐसे विद्वानों की बात पर विचार न किया जाए, तो भाषा दुविधा में इधर-उधर होने लगे गी। एक ओर हिन्दी की परम्परा 'आप की आज्ञानुसार' चाहती है और दूसरी ओर विद्वान् इसे गलत बतला कर 'आप के आज्ञानुसार' का समर्थन करते हैं। परम्परा यदि अविचारपूर्ण ('भेड़-चाल') हो, तो उसे छोड़ देना चाहिए; जैसे कि 'छः' को छोड़ा जा चुका है। परन्तु परम्परा यदि सुव्यवस्थित है और उसे ठीक न समझ कर कोई 'विद्वान्' कोई दूसरा मार्ग बतलाता है, तो मार्ग-भ्रष्ट न होना चाहिए।

स्पष्ट ही—'आप की आज्ञानुसार' 'अपनी इच्छानुसार' जैसे

प्रयोगों में भेदक ('की') स्त्रीवर्गीय भेद्य ('आज्ञा' तथा 'इच्छा') के अनुसार है।

परन्तु काशी के विद्वानों का कहना है कि 'आज्ञानुसार', 'इच्छानुसार' आदि में जो 'अनुसार' अंश है, वह पुंवर्गीय है और उसी के अनुसार भेदक **'के'** होना चाहिए; जैसे कि **'आप का** भगिनीपुत्र आया है' में भेदक 'का' है; 'पुत्र' के अनुसार। **'आप की** भगिनीपुत्र आया है' जैसे गलत है; उसी तरह **'आप की** आज्ञानुसार'; क्योंकि यह 'तत्पुरुष' समास है, जहाँ 'उत्तरपद' प्रधान होता है, 'पूर्वपद' नहीं।

यह है विवेचन! पहले तो यह देखें कि 'आप की भगिनीपुत्र आया है' कोई कहीं बोलता है क्या? कितना बुरा लगता है प्रयोग! परन्तु 'आप की आज्ञानुसार' भी वैसा ही बुरा लगता है क्या? बुरा लगे क्यों, जब कि वह शुद्ध तथा परम्परा-प्राप्त प्रयोग है।

'विवेचक' विद्वानों को भ्रम हो गया है। 'आज्ञानुसार' तथा 'इच्छानुसार' में 'तत्पुरुष' समास नहीं, 'अव्ययीभाव' समास हैं। संस्कृत के 'यथा' अव्यय की जगह हिन्दी का 'अनुसार' अव्यय है। 'यथादेशं सर्वं भविष्यति'— **आदेशानुसार** सब हो गा। संस्कृत अव्यय (यथा) का पूर्व-प्रयोग है और हिन्दी-अव्यय ('अनुसार') का पर-प्रयोग; बस।

सो 'अनुसार' कोई संज्ञा नहीं है कि इसे 'पुंवर्गीय' कह दिया। 'अनुसरण' जरूर भाववाचक संज्ञा है और हिन्दी में पुंवर्गीय है—'उन का अनुसरण अच्छा नहीं कहा जा सकता।' यह नहीं कहते कि **'उन का अनुसार** अच्छा नहीं'। यह गलतफहमी पैदा की है—विचार, प्रसार, विकार आदि संज्ञाओं ने। इन्हीं की श्रेणी में 'अनुसार' को भी समझ कर वैसा निर्णय ससम्भ्रम दे दिया। हिन्दी

में वैसे प्रयोग चल भी पड़े थे; पर जब बतलाया गया कि 'आप की आज्ञानुसार' शुद्ध प्रयोग है और 'आप के आज्ञानुसार' गलत है, तब हवा रुकी। परन्तु हवा ही तो ठहरी! कहीं-कहीं अब तक घुसी-जमी है; सो निकल जाए गी!

राम के बगल में गोविन्द बैठा था

राम की बगल में गोविन्द बैठा था

इन प्रयोगों में कौन-सा ठीक है? 'राम के बगल में' ठीक वर्तनी है; या 'राम की बगल में'? विचारणीय विषय है। 'अधिक' विचार करने वाले 'राम की बगल में' लिख रहे हैं और साधारण जनों के प्रयोग में—'राम के बगल में' चलता है।

'बगल' शब्द निश्चय ही स्त्रीवर्गीय है और इसी लिए उस का 'भेदक' स्त्रीवर्गीय—'**राम की** बगल में' लोग बोलते हैं। परन्तु प्रयोग-भेद से कुछ और चीज है।

राम की बगल में फोड़ा हो गया है

रावण की बगल में बालि दबा रहा था

यहाँ भेदक में स्त्रीत्व ठीक है—'राम की' 'रावण की'। रावण का जो रूप प्रकट किया गया है, उस के अनुसार बालि का उस की बगल में दबा रहना ठीक; परन्तु राम की 'बगल में' गोविन्द कैसे बैठे गा? 'बगल' कुछ इंचों की जगह और 'गोविन्द' का आकार-प्रकार कई गज-मीटरों का! वह 'बगल' में कैसे बैठे गा? गलत प्रयोग है—'राम की बगल में गोविन्द बैठा है।' शुद्ध प्रयोग है—'राम के बगल में गोविन्द बैठा है।'

उपपत्ति अच्छी तरह समझनी हो गी। संस्कृत में 'दिशा' सामान्य दिशा-वाचक शब्द है। यह 'दिशा' शब्द स्त्रीवर्गीय है। किसी दूसरे शब्द को विशेषण के रूप में ले कर इस के प्रयोग होते

हैं और तब वह विशेषण भी (विशेष्य के अनुसार) स्त्री-वर्गीय रूप में ही प्रयुक्त होता है—

'दक्षिणस्यां दिशायाम्'

'उत्तरस्यां दिशि'

'दिश्' का 'दिशा' रूप भी संस्कृत में है—'आपं चैव हलन्तानां यथा वाचा, निशा, दिशा।'

हिन्दी ने 'दिशा' शब्द ही लिया है; 'दिश्' नहीं।

खैर, उदाहरणों में देखिए कि 'दिशा' के अनुसार ही 'दक्षिणस्याम्' तथा 'उत्तरस्याम्' विशेषण हैं।

'दिशा' की ही जगह हिन्दी में 'ओर' शब्द दिशा-वाचक है; सामान्य दिशा-वाचक; और स्त्रीवर्गीय। किसी दूसरे शब्द के साथ इस का भी प्रयोग होता है। तब विशेषण भी विशेष्य ('ओर') के अनुसार स्त्रीवर्ग रखता है—

दाहिनी ओर, बाईं ओर

जिस के 'दाहिनी ओर' या 'बाईं ओर' कहना हो, उस का प्रयोग 'के' विभक्ति के साथ होता है—

राम के दाहिनी ओर

गोविन्द के बाईं ओर

यानी 'राम' तथा 'गोविन्द' यहाँ 'ओर' के विशेषण नहीं हैं। विशेषण तो 'दाहिनी'-'बाईं' हैं।

परन्तु—

राम की ओर वह देख रहा है

उस की ओर राम देख रहा है

यहाँ 'राम' का प्रयोग एक दिशा के रूप में है। इसी लिए स्त्रीवर्गीय प्रयोग है; 'ओर' (विशेष्य) के अनुसार। **'उस की ओर'**

भी ऐसा ही है।

'हाथ' तथा 'बगल' का प्रयोग 'ओर' के विशेषण रूप में यों होता है—

राम के दाहिने हाथ गोविन्द था
सीता के दाहिने हाथ राम थे
राम के ही बगल में भरत थे
भर के बगल में शत्रुघ्न थे

सो, 'बगल' का प्रगोग अंग-विशेष के रूप में हो, तो—

'राम की बगल में फोड़ा' और 'दिशा' के रूप में हो; तो,

'राम के बगल में गोविन्द'

इस तरह प्रयोग-व्यवस्था है। सब स्पष्ट है।

शुद्ध—**सुमित्रा के** कन्या हुई है
अशुद्ध—**सुमित्रा की** कन्या हुई है

इन में से दूसरा प्रयोग गलत है। प्रथम प्रयोग की वर्तनी ही 'सुमित्रा के' ठीक है। यहाँ 'कन्या' ('भेद्य') नहीं है कि उस के अनुसार 'भेदक'-रूप से 'सुमित्रा की' प्रयोग हो। इसे अच्छी तरह समझ लेना चाहिए। 'राम के लड़का हुआ है' ऐसे प्रयोगों का तत्त्व न समझ कर कहते हैं कि 'राम के' का मतलब है—**'राम के घर में'**। पूछो, घर में किस के? तो कहते हैं 'राम की स्त्री के'। और यदि घर में बहुत-सी स्त्रियाँ हों, तो? तो सब के? वे लोग 'राम के' पद को सावकाश समझते हैं! हिन्दी मानो ऐसी अपरिपक्व भाषा है कि कुछ का कुछ कहा-समझा जा सकता है। 'देवकी के कन्या हुई ही नहीं' यहाँ भी 'के' है। 'देवकी के कन्या'— क्या **देवकी के घर में?** नासमझी की बातें हैं! पहले आप 'सम्बन्ध' के दो भेद समझने के लिए प्रयोगों के दो वर्ग देखें—

1. **राम के** एक **भैंस** है। **गोविन्द के** दो **घोड़े** हैं। **सीता के** दो **पुत्र** थे। **सुशीला के** चार **लड़कियाँ** हैं। **तेरे** भी **गौ** है। **मेरे** न **गौ** है, न **बकरी** है। **राम के** एक **पुत्र हुआ। गोविन्द के** एक **लड़की हुई।**

2. **राम** की भैंस **खूब दूध देती** है। **गोविन्द का** एक **घोड़ा ठीक** है। **सीता की** पुत्री **पढ़ती** है। **सुशीला** की **लड़की पढ़ती** है। **तेरी गौ** कितना **दूध देती है? मेरी गौएँ अच्छी हैं। राम का लड़का खेलता** बहुत है। **गोविन्द** की चारों लड़कियाँ **ब्याही गईं। सीता का** लड़का **चतुर** है।

दोनों वर्गों में अंतर है न? एक वर्ग में 'के' तथा 'रे' विभक्तियाँ हैं। विभक्ति सदा एकरस रहती है। 'वचन' या 'वर्ग' भेद नहीं करती। प्रथम वर्ग के प्रयोगों में 'के' तथा 'रे' विभक्तियाँ हैं।

दूसरे वर्ग के प्रयोगों में 'क' तथा 'र' संबंध-प्रत्यय हैं, जोकि भेद्य के अनुसार बदलते हैं। 'क', 'र' तथा 'न' सम्बन्ध-प्रत्यय हैं— तद्धितीय सन्बन्ध-प्रत्यय। भेद्य-भेदक भाव जहाँ सन्बन्ध में हो, 'प्रत्यय' लगते हैं और जहाँ भेद्य-भेदक भाव न हो, वहाँ 'के', 'रे' तथा 'ने' विभक्तियाँ लगती हैं— **'अपने तो चार गौएँ** हैं' **'तेरे कितनी** हैं'?

भेद्य-भेदक भाव में—**'तेरा लड़का** पढ़ता है', **'मेरे लड़के** खेलते हैं', **'राम की लड़की स्कूल** जाती है'। भेद्यों के अनुसार भेदक हैं— तेरा, मेरे, राम की।

संस्कृत में भी यही स्थिति है। वहाँ भी प्रयोग-भेद है। भेद्य-भेदक भाव न होने पर विभक्ति से सन्बन्ध-प्रकटन—

तव पुत्रः जातः— **तेरे** लड़का हुआ है

तव कन्या जाता— **तेरे** लड़की हुई है

तव एक गौः अस्ति—**तेरे** एक गौ है

तव चत्वारः अश्वाः सन्ति—**तेरे** चार घोड़े हैं

तस्य एकः पुत्रः आसीत्—**उस के** एक लड़का था

तस्य चतस्त्रः कन्याः अभवन्—**उस के** चार लड़कियाँ हुई।

परन्तु भेद्य-भेदक भाव से भेदक भेद्य के अनुसार रहे गा। ऐसी जगह तद्धितीय प्रत्यय लगते हैं—

त्वदीयः पुत्रः पठति—**तेरा लड़का** पढ़ता है

त्वदीया कन्या पठति—**तेरी लड़की** पढ़ती है

युष्मदीयः अश्वः क्व गतः? —तुम्हारा घोड़ा कहाँ गया?

अस्मदीयानि भवनानि जीर्णानि—**हमारे** घर **पुराने** हो गए

सो, 'राम के लड़की हुई' प्रयोग शुद्ध है; **'राम की लड़की हुई'** गलत है। हाँ 'राम की लड़की कहीं गई है', 'यह राम की लड़की नहीं है' ये प्रयोग शुद्ध हैं—भेद्य-भेदक भाव है। **'भेद्य'** (लड़की) के अनुसार भेदक (राम की) है।

वस्तुतः यह व्याकरण का विषय है। वहीं सब विस्तार से समझना-समझाना चाहिए। यहाँ इतने से ही स्थिति स्पष्ट हो गई है।

भेद्य (नाम या सर्वनाम) कर्ता के रूप में रहता है और क्रियाएँ उस की 'है', 'हुआ', 'हो गा' आदि होती हैं, तब 'के' विभक्ति लगती है और भेद्य की क्रियाएँ अन्य होती हैं, तब सम्बन्ध-प्रत्यय लगता है—'राम के चार पुत्र थे'—**'राम का** एक पुत्र **पढ़ता था**।'

× × ×

हिन्दी शिक्षा का माध्यम **बने गा** (गलत)

हिन्दी शिक्षा का माध्यम **बने गी** (शुद्ध)

'बने गा' 'बने गी' दोनों वर्तनी-प्रयोग देखने में आते हैं। इन में से प्रथम प्रयोग सही है—हिन्दी बने गी, शिक्षा का माध्यम। दूसरा प्रयोग गलत है। हिन्दी 'उद्देश्य' है; 'माध्यम' विधेय है। जिस का विधान किया जाता है, उसे 'विधेय' कहते हैं। क्रिया के वर्ग-वचन आदि उद्देश्य के अनुसार रहते हैं—

मिट्टी सोना बन **जाती** है

सोना राख बन **जाता** है

वह **राख** फिर **सोना बन जाती** है

वैद्य सोने की राख बना देते हैं और फिर उस राख (स्वर्ण-भस्म) से दुगुना सोना बना-कमा लेते हैं।

सर्वत्र 'उद्देश्य' के अनुसार क्रिया है। इसी तरह

1. हिन्दी शिक्षा का माध्यम बने गी
2. शिक्षा का माध्यम हिन्दी ही रहे गी

'अथ' और 'इति' में सामंजस्य

'अथ' का प्रयोग 'आरम्भ' के लिए होता है और 'इति' का समाप्ति-सूचनार्थ। ये दोनों अव्यय हैं, संस्कृत के। इन की जगह संस्कृत में 'उपक्रम' और 'उपसंहार' कृदन्त शब्द भी आते हैं। हम इन की जगह 'आरम्भ' और 'समापन' शब्दों का प्रयोग करते हैं। पुराने हिन्दी-ग्रन्थों में 'अथ' तथा 'इति' का प्रयोग आदि-अन्त में किया मिलता है। 'उपक्रम' तो साधारण जन समझ भी नहीं सकते; 'आरम्भ' सब समझ लेते हैं। 'उपसंहार' कुछ भयानक भी (हिन्दी में) जान पड़ता है। 'संहार' घबराहट पैदा करता है। 'समापन' बहुत ठीक। सो, इस समापन-अनुच्छेद में फिर से वही सब स्मरण कर लीजिए, जो कि आरम्भ में देख-सुन चुके हैं। आरम्भ में संक्षेप से

कृति की रूप-रेखा बता दी जाती है। आगे फिर उसी का विस्तार-उपपादन होता है। और अन्त में (कृति का समापन करते समय) फिर उन्हीं तत्त्वों का स्मरण करा दिया जाता है। हम भी हिन्दी की वर्तनी पर सब-कुछ संक्षेप से कह चुके। अब अन्त में फिर स्मरण कराया जाता है कि—

1. भाषा का प्रयोग करने के लिए व्याकरण तथा भाषा-विज्ञान पढ़ने की जरूरत नहीं है; उस की प्रकृति-पद्धति देखने-समझने की जरूरत है। जो भाषा जिस गति-विधि से चलती है, चलती रहे गी। व्याकरण उस की चाल को बदल नहीं सकता। हाँ, भाषा का गठन किस तरह, कैसे हुआ है; यह जानने-समझने के लिए व्याकरण अपेक्षित होता है। हम कैसे आँखों से देखें और किस तरह सुनें; कैसे हाथों से कोई चीज पकड़ें और फिर मुँह में रख-चबा कर कैसे निगलें; यह सब जानने के लिए 'शरीर-शास्त्र' नहीं पढ़ा जाता। शरीर की बनावट कहाँ कैसी है; यह सब जानने के लिए शरीर-शास्त्र अवश्य पढ़ा जाता है।

परन्तु 'नीम हकीम' जान के लिए जोखिम भी बन जाता है। अधकचरे ज्ञान से तो अज्ञान ही अच्छा! भाषा की प्रकृति को न देख कर यदि उस का व्याकरण कोई बनाए गा, तो उस से भ्रम बढ़ें गे और भाषा विकृत हो गी। कौन-सा व्याकरण ठीक है और कौन-सा गलत; इस का निर्णय करना कुछ कठिन नहीं है। भाषा जिस पद्धति पर चल रही है, उस के विपरीत यदि व्याकरण कुछ नहीं कहता; उसी को समझाने का प्रयत्न करता है, तो ठीक। वह व्याकरण है। भाषा का गठन समझने के लिए उसे पढ़ना चाहिए। व्याकरण के सहारे लोग दूसरी भाषाएँ भी सीखते हैं।

परन्तु व्याकरण गलत हुआ, तो गड़बड़ी! भाषा किसी मार्ग

पर चल रही है और उस का व्याकरण किसी दूसरे ही मार्ग का निर्देश कर रहा है, तब लोग झमेले में पड़ जाएँ गे। हिन्दी में क्रियाओं के 'वाच्य' समझाने में व्याकरणों ने ऐसी गड़बड़ी पैदा कर दी थी कि लोग ऊब गए थे! व्याकरण को एक जंजाल समझने लगे थे और थे भी वे जंजाल ही। परन्तु फिर भी परीक्षा में पास होने के लिए रटना पड़ता था—

"**कर्तृवाच्य क्रिया** वह है, जहाँ क्रिया के लिंग, वचन, पुरुष कर्त्ता के अनुसार हों; जैसे—

राम ने रोटी खाई

लड़की ने फल खाया, इत्यादि

समझे? क्या समझे? कर्त्ता है 'राम' पुल्लिग और क्रिया है 'खाई' स्त्रीलिंग! यानी, क्रिया 'कर्म' के अनुसार है; परन्तु बतलाई गई है 'कर्तृवाच्य' और वह सब रटन्त छात्रों ने की! फिर वे अध्यापक बने, तो अपने छात्रों को भी उन्हों ने वैसा ही रटाया। यही सब सैकड़ों वर्ष चलता रहा। बड़ी कठिनाई से समझाया जा सका कि 'राम ने रोटी खाई' कर्मवाच्य क्रिया है। इसी तरह की बहुत-सी बातें हैं। यदि लोग भाषा का रूप समझते कि 'रोटी खाई' में क्रिया तो कर्म के अनुसार है, तो फिर व्याकरणों की गलती समझ लेते। परन्तु 'व्याकरण-शास्त्र' का आतंक ऐसा बैठा था कि किसी को कुछ सोचने-समझने का अवसर ही नहीं। हमारे पुरखों के अनन्त उपकार हमारे ऊपर हैं; परन्तु यदि उन्हों ने कहीं कुछ गलत समझ कर वैसा कह-लिख दिया हो, तो उस का सुधार कर लेना हमारा काम है। ऐसा करने से हमारे उन पुरखों की कोई अवज्ञा न हो गी।

सारांश यह कि भाषा के अनुसार व्याकरण बनता है; व्याकरण के अनुसार भाषा नहीं चलती। हाँ, कहीं कुछ नियमन व्याकरण

करता है, साहित्यिक भाषा में; उस की वर्तनी आदि के बारे में। लोग बोलते हैं—'कलम मेज पर **रक्खी** है'। परन्तु 'मेज पर कलम **रख दो'** भी बोलते हैं। तब अन्य भाषा-भाषी यदि 'रक्ख दो' बोलें, अन्यत्र 'रक्खी है' देख कर, तो कौन दोषी ठहरे गा? इस गड़बड़ी को दूर करने के लिए व्याकरण सामने आए गा और बतलाए गा कि वर्तनी लिखो—

मेज पर कलम रखी है

ऐसा निर्णय देते समय वह इन क्रिया-शब्दों का मूल रूप (धातु) सामने रखे गा, जो कि 'रख' है; 'रक्ख' नहीं। तब कहे गा कि 'रख दो' की ही तरह 'रखी है' लिखो। जो लोग 'रक्खी' बोलते हैं, बोलते रहें। उन पर कोई रोक नहीं; पर लिखने में वे भी 'रखी' ही लिखें गे।

परन्तु 'रक्खी' बोलने वालों से कुछ न कह कर व्याकरण उन लोगों के चाबुक जरूर लगाए गा, जो बिना लगाम-नकेल के इधर-उधर भाग रहे हैं, और बोलते हैं—

मीठी वाली ककड़ी दो!
मीठी वाली बात कहो!
बड़ा वाला आम दो!
बड़े वाले बेर दो!

इन 'मीठे वालों' के गुरु उन अंग्रेज अफसरों के बाबर्ची और अर्दली थे, जो अज्ञानवश ('लकड़ी वाली' के वजन पर) 'मीठी वाली', 'बड़ी वाली' आदि बोल दिया करते थे। 'साहब' को खुश करने के लिए और खुद 'साहब' बनने के लिए 'बाबू' लोग भी **'बड़ा वाला'**, **'काला वाला'** बोलने लगे। फिर उन के बच्चे भी सीख गए और जब वे आगे हिन्दी-उर्दू के अध्यापक बने, तब छात्रों

के सामने भी उसी तरह बोलने लगे। इन **भ्रष्ट** प्रयोगों का परिहार व्याकरण करे गा, यह कह कर कि 'बड़ा', 'छोटा' आदि तो स्वतः विशेषण हैं, तब उन में 'वाला'-'वाली' लगाना मूर्खता है। बस, इसी तरह के अंकुश व्याकरण लगाता है; इधर-उधर भागने वालों को सही रास्ते चलाने के लिए।

× × ×

2. भाषा-विज्ञान भी भाषा पर (और भाषाओं पर) विचार करता है। परन्तु भाषा की प्रकृति न जान कर बहुधा भाषा-विज्ञान के नाम पर भाषा-अज्ञान प्रकट किया जाता है।

हिन्दी के महान् निर्माता जब इस के रूप-निखार के लिए प्रयत्नशील थे, उसी समय संसार में 'भाषा-विज्ञान' का उदय हुआ, जिस में कहा गया कि हिन्दी के पेट, पीठ, बाँस आदि शब्द 'हलन्त' हैं और सर्वनाम भी सब हलन्त हैं। आदरणीय पं. श्रीधर पाठक अंग्रेजी के भी विद्वान् थे। अंग्रेजी में भाषा-विज्ञान पढ़ा और सर्वनामों से नए प्रयोग शुरू किए—

'**इस्के** घर में **उस्ने** भी डेरा डाला'। उसी समय 'हरिऔध' तथा आचार्य द्विवेदी आदि **'इस के'**, **'उस ने'** जैसे प्रयोग कर रहे थे। पाठक जी 'इस के', 'उस से' जैसे प्रयोगों से अपरिचित न थे; पर भाषा-विज्ञान के भ्रम ने उन्हें वैसा कर दिया था। आज सब ठीक हो गया।

इस तरह के भाषा-विज्ञानीय ग्रन्थों ने भाषा-विशेष के रूप के बारे में, उसके शब्दों के विश्लेषण में तथा भाषाओं के वर्गीकरण में बहुत-सी भ्रान्तियाँ फैलाई हैं। जो हिन्दी अपने गठन में व्यंजनान्त शब्द-रूप कतई पसन्द नहीं करती, उस के सभी अकारान्त शब्दों को 'हलन्त' (व्यंजनान्त) तो बतलाया ही, संस्कृत के तद्रूप जो शब्द

हिन्दी में (राम, नारायण, सुन्दर, आकाश आदि) प्रचलित हैं, उन्हें भी 'हलन्त' करार दे दिया गया है। ऐसी दशा में हिन्दी की प्राणरक्षा तो भगवान् ने ही की। सो, भाषा-विज्ञान के सभी ग्रन्थों को मान्यता न दे कर भाषा-प्रकृति की कसौटी पर कसना चाहिए।

डा. बाबूराम सक्सेना ने अपने भाषा-विज्ञान में 'बड़ा वाला' आदि को भी मान्यता दे दी है; यह कह कर कि यह भी एक शब्द-विकास है। विकार भी विकास !

3. तीसरी बात, सब से बड़ी है प्रवाह। भाषा का प्रवाह देखना चाहिए। तद्धितीय शब्द 'ईय' से हैं—भारतीय, क्षेत्रीय, प्रदेशीय आदि, तो (इस प्रवाह के विरुद्ध) किसी के कहने से कहीं 'इय' न मान लेना चाहिए। 'राष्ट्रीय' की जगह **'राष्ट्रिय'** कभी भी ध्यान पर न चढ़ने देना चाहिए।

इसी तरह वाक्य-गठन में भी अपनी भाषा की पद्धति देखनी चाहिए। अंग्रेजी में 'ब्रिंग माई धोती' होता है, तो हिन्दी में भी **'लाओ मेरी धोती'** न कर देना चाहिए। इसी तरह (अंग्रेजी की नकल पर)—

"और फिर डाक्टर साहब, जो अभी हाल ही में इंग्लैंड से लौटे थे, जापान चले गए" ये भ्रष्ट प्रयोग हैं। "और, फिर डाक्टर साहब जापान चले गए, जो अभी हाल ही में इंग्लैंड से लौटे थे।" ये हिन्दी-प्रयोग हैं।

ऐसे प्रयोग तो बहुत ही भ्रष्ट हैं—

"फिर डाक्टर **साहब,** जो पूरी तरह रोगी की परीक्षा कर चुके थे, **ने** कहा कि रोगी खतरे से बाहर है।"

ऐसे प्रयोग उन्हीं के हैं, जो 'यह' को 'यह वाला', 'यह वाली' कहते हैं और 'वह' को 'वह वाला', 'वह वाली'। इन 'विद्वानों' से

तो हमारे कुँजड़े अच्छे, जो कभी भी भाषा को इस तरह बिगाड़ते नहीं हैं; सीधे-सादे रूप में बोलते रहते हैं।

शुद्ध प्रयोग	अशुद्ध प्रयोग
हमें कुछ नौकर **चाहिए**	हमें कुछ नौकर **'चाहिएँ'**

'चाहिए' भाववाच्य क्रिया है। इस में कभी कोई परिवर्तन नहीं होता— 'हमें एक नौकर चाहिए', 'हमें एक धाय चाहिए', 'हमें एक गाड़ी चाहिए', 'हमें चार गाड़ियाँ चाहिएँ।' 'गाड़ियाँ चाहिएँ' अशुद्ध तो है ही; बोलने में कैसा मिनमिन-भिनभिन करता है! हिन्दी को यह मिनमिनाहट पसन्द नहीं, और इसी लिए 'लड़कियाँ पढ़ती हैं' में 'पढ़ती' को 'पढ़तीं' नहीं होता। 'पढ़तीं हैं' भद्दा प्रयोग हो जाता। कर्ता के बहुवचन से तथा 'हैं' के बहुवचन से ही सब स्पष्ट हो जाता है। यदि ऐसा कोई दुरुच्चारण या दुःश्रवण न हो, तो क्रिया में बहुत्व-बोधक विन्यास रहता ही है—'लड़के पढ़ते हैं'। 'लड़के पढ़ते' बहुत अच्छा लगता है। भाववाच्य क्रिया सदा एकरूप रहती है—'लड़कों ने बहनों को **बुलाया**', 'लड़कियों ने सहेलियों को **बुलाया**'। यह कृदन्त भाववाच्य है और 'चाहिए' तिङन्त भाववाच्य—'हमें नौकर चाहिए', 'तुम्हें नौकर चाहिए', 'मालिकों को नौकर **चाहिए**।'

इन्हीं बातों का ध्यान रखना चाहिए। 'वर्तनी' के बारे में जो कुछ आवश्यक था, संक्षेप में बहुत स्पष्ट रीति से कहा गया। विद्वद्वर मल्लिनाथ के शब्दों में (कुछ परिवर्तन के साथ) कह सकते हैं—

नाऽमूलं लिखितं किञ्चित्,
नाऽनपेक्षितमण्वपि

निर्मूल-निराधार यहाँ कुछ भी नहीं कहा गया है; सब-कुछ तर्क,

प्रमाण तथा भाषा की प्रकृति के आधार पर कहा गया है और अनपेक्षित-अनावश्यक विस्तार भी नहीं किया गया है कि ग्रन्थ का पेट बढ़ कर बेढँगा न हो जाए।

'एकः शब्दः सम्यग् ज्ञातः
सुप्रयुक्तः लोके स्वर्गे च
कामधुग् भवति'

इति